ORIGENS DA ARQUITETURA MODERNA E DO DESIGN

ORIGENS DA ARQUITETURA MODERNA E DO DESIGN

Nikolaus Pevsner

Tradução
LUIZ RAUL MACHADO

martins
Martins Fontes

Título original: THE SOURCES OF MODERN ARCHITECTURE AND DESIGN.
© by Thames & Hudson Ltd., Londres, 1968.
© 1981, Livraria Martins Fontes Editora Ltda.,
São Paulo, para a presente edição.

1ª edição 1981
3ª edição 2001
2ª tiragem 2010
Impressão Cromosete

Tradução
LUIZ RAUL MACHADO

Revisão da tradução
Monica Stahel
Revisão técnica
Roberto de Oliveira
Produção gráfica
Geraldo Alves
Paginação/Fotolitos
Studio 3 Desenvolvimento Editorial

Dados Internacionais de Catalogação na Publicação (CIP)
(Câmara Brasileira do Livro, SP, Brasil)

Pevsner, Nikolaus, 1902-
 Origens da arquitetura moderna e do design / Nikolaus Pevsner ;
[tradução Luiz Raul Machado]. – 3ª ed. – São Paulo : Martins Fontes,
2001.

 Título original: The sources of modern architecture and design.
 Bibliografia.
 ISBN 85-336-1519-1

 1. Arquitetura moderna – Século 20 – História I. Título.

01-5821   CDD-724.9

Índices para catálogo sistemático:
1. Arquitetura moderna : Século 20 : História   724.9
2. Século 20 : Arquitetura moderna : História   724.9

Todos os direitos desta edição reservados à
Livraria Martins Fontes Editora Ltda.
Av. Dr. Arnaldo, 2076
01255-000 São Paulo SP Brasil
Tel. (11) 3116.0000
info@martinseditora.com.br
www.martinsmartinsfontes.com.br

Índice

Introdução................................... 7

CAPÍTULO UM
Um estilo para a época......................... 9

CAPÍTULO DOIS
Art Nouveau................................... 43

CAPÍTULO TRÊS
Novo ímpeto da Inglaterra..................... 115

CAPÍTULO QUATRO
Arte e indústria.............................. 147

CAPÍTULO CINCO
Caminhando para o Estilo Internacional........ 179

Notas....................................... 203
Notas biográficas........................... 207
Bibliografia selecionada.................... 221
Localização das obras/Créditos fotográficos. 223

Introdução

Onde estão as origens do século XX? A palavra *origem* nos sugere fonte, corrente de rio e, finalmente, em nosso caso particular, o oceano do Estilo Internacional dos anos 30. Por acaso Prometeu e o inventor desconhecido da roda figuram como fontes da *genii fontis*? Não. Porque há rupturas e saltos, e nossa civilização não está ligada ao passado remoto por uma corrente contínua. Mas mesmo que admitamos que as civilizações "ascendem e caem, desmoronam, se estendem, renovam-se e são destruídas", mesmo que nos limitemos à civilização ocidental, podemos dizer que as origens do século XX estão na invenção do relógio e da imprensa? Sim, porque sem imprensa e sem máquina não haveria século XX. A comunicação de massa e a produção em massa estão entre as coisas que distinguem nosso século dos anteriores. Contudo, o que nos pertence com exclusividade é a exploração quantitativa e não a invenção em si. E este é um fenômeno de destaque entre as origens do século XX e, portanto, da arte moderna.

O século XX é o século das massas: educação, lazer e transporte de massa, universidades com milhares de estudantes, escolas polivalentes para milhares de crianças, hospitais com milhares de leitos, estádios para centenas de milhares de espectadores. Este é um aspecto. O outro é a velocidade de locomoção, com cada cidadão dirigindo um "trem expresso particular" e alguns pilotos viajando mais depressa que o som. Ambos são expressões do fanatismo tecnológico da época, e a tecnologia é apenas uma aplicação da ciência.

Ciência, tecnologia, transporte de massa, produção e consumo de massa, comunicação de massa – no campo das artes visuais, que é o deste livro –, tudo isso significa predominância da arquitetura e do design* sobre as *belas-artes*, significa a predominância da cidade grande sobre a pequena e sobre o campo, e significa a concentração na arquitetura e no design para as massas e nos novos materiais e técnicas voltados para elas.

Se isso é aceito como um esboço do século XX, na medida em que podemos observá-lo e analisá-lo, onde estão de fato as suas origens? Podemos agora tentar enumerá-las e considerá-las em termos cronológicos.

---

* Na tradução para o português, optou-se por manter a forma *design*, de uso corrente hoje em dia. Em alguns casos, utilizou-se a expressão *desenho industrial*. Já o verbo *design*, conforme o caso, foi traduzido por *desenhar* ou *projetar*. (N. do T.)

CAPÍTULO UM
Um estilo para a época

A arquitetura e o design para as massas devem ser funcionais, no sentido de que devem ser aceitáveis por todos e de que o seu "bom funcionamento" é uma necessidade primordial. Uma cadeira pode ser ao mesmo tempo incômoda e uma obra de arte, mas só um *connoisseur* ocasional prefere suas qualidades estéticas às utilitárias. A funcionalidade é a primeira de nossas origens. Augustus Welby Northmore Pugin, nascido em 1812, filho inglês de pai francês, escreveu na primeira página de seu livro mais importante: "Não deve haver aspectos de um prédio que não sejam necessários em termos de conveniência, construção e propriedade... O menor detalhe deve... servir a um propósito, e a própria construção deve variar de acordo com o material empregado"[1]. Isso foi escrito em 1841, mas não era novidade. É a continuação direta do princípio do racionalismo francês dos séculos XVII e XVIII. A arquitetura, escreveu Batteaux[2], "não é um espetáculo... mas um serviço" e "segurança, adequação, conveniência, propriedade" são conceitos familiares de Cordemoy a Boffrand e ao jovem Blondel. Para citar duas passagens menos conhecidas, nenhuma delas francesa: Hogarth deu o título de "Of Fitness" ("Da Adequação") ao primeiro capítulo de *Analysis of Beauty* (*Análise da Beleza*), começando da seguinte maneira: "A adequação das partes à concepção de cada coisa individualmente é da maior importância para a beleza do todo... Na construção naval, as dimensões de cada parte são delimitadas e reguladas pela adequação à navegação. Quando um navio funciona, os marinheiros dizem que ele é uma beleza; as duas idéias estão em conexão"[3]. E Abbate Lodoli, talvez sob influência de Hogarth, fez referência, em suas palestras, à gôndola veneziana como uma peça de design funcional, e estipulou que, numa construção, não deveria aparecer nada que não "preenchesse verdadeiramente uma função" ou "não tivesse sua própria função" e não fosse "parte integrante do conjunto" e projetado em relação lógica com a "natureza do material"[4].

O fato de Pugin, o autor da primeira dessa série de citações, ter intitulado seu livro *The True Principles of Pointed or Christian Architecture* (*Os Verdadeiros Princípios da Arquitetura Ogival ou Cristã*), o fato de seu principal objetivo ter sido o apelo, não à funcionalidade, mas ao renascimento gótico como expressão do renascimento católico, e mesmo o fato de ele ter defendido inteligentemente o aspecto funcional do estilo gótico, de contrafortes e nervuras – todos esses fatos não interessam no momento. Ele foi lido pelos goticistas, mas também pelos funcionalistas, pois eles também estavam presentes entre os escritores e pensadores de meados do século XIX. Um deles foi o alemão Gottfried Semper, com sua explicação das artes aplicadas ou decorativas como sendo condicionadas pelos materiais e pelas técnicas. Viveu como refugiado em Londres de 1851 a 1855, e deve ter mantido contato com o pequeno grupo de arquitetos, artistas e administradores responsáveis pela preparação, pelo sucesso e pelo criticismo agudo da Grande Exposição de 1851: em primeiro lugar, Henry Cole, e em segundo, Owen Jones, Matthew Digby Wyatt e Richard Redgrave.

Esses homens, mesmo antes da Exposição, publicaram um pequeno jornal chamado *Journal of Design and Manufactures*, e nele aplicaram os princípios de Pugin, assim como Semper faria mais tarde, às matérias de arte industrial e artesanal. Pugin questionara os tapetes em que se andava "sobre folhagens em alto relevo"[5], e o *Journal* agora insistia em que os tapetes deveriam manter-se "ao rés do chão"[6], e que os papéis de parede deveriam transmitir a "impressão adequada de planeza"[7] e, de forma mais geral, que "a primeira coisa a ser considerada pelo designer deveria ser a perfeita adaptação ao uso pretendido"[8] e que todo objeto, "para proporcionar satisfação completa, deve ser adequado a seu objetivo e verdadeiro em sua construção"[9].

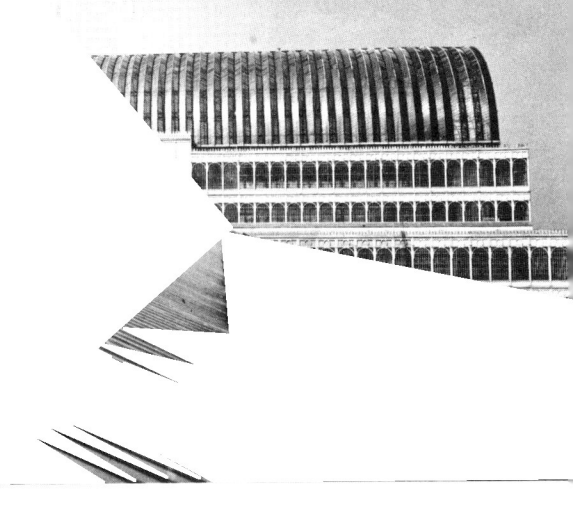

1. O Palácio de Cristal, construído para a Grande Exposição de 1851 e reerguido em Sydenham em 1853 (na foto, uma perspectiva do telhado do "transepto"). A construção de Joseph Paxton, que era inteiramente pré-fabricada, marcou o primeiro afastamento maior dos estilos históricos na arquitetura.

Não admira que, quando se ergueu o Palácio de Cristal e nele foram expostos os produtos mais admirados de todo o mundo, esses homens tenham se chocado com o padrão de gosto demonstrado. Eles escreveram que "a ausência de qualquer princípio de design ornamental é evidente" e que "o gosto dos produtores não é educado"[10]. Não é de espantar também que eles tivessem admirado o próprio Palácio de Cristal.

O Palácio de Cristal (*fig. 1*) é a pedra de toque dos meados do século XIX, se se quiser descobrir o que pertence inteiramente ao século XIX e o que aponta em direção ao século XX. O Palácio de Cristal era inteiramente de ferro e vidro, foi projetado por um não-arquiteto e foi desenhado para produção em escala industrial de suas partes. É, em certo sentido, uma origem, mas também ele teve suas origens, que nos levam de volta ao século XVIII. O emprego do ferro na arquitetura começa na França de 1780 com Souf-

12 ORIGENS DA ARQUITETURA MODERNA E DO DESIGN

flot e Victor Louis, voltados especialmente para a construção de teatros à prova de fogo e, na Inglaterra de 1790, com industriais que, agindo como seus próprios designers, tencionavam construir fábricas também à prova de fogo. Em ambos os casos, o ferro foi um expediente de significado altamente utilitário, mas não estético. Surgiu quase por acaso em interiores, em construções românticas como o Pavilhão Real de Nash, em Brighton (1815-1820), e de maneira formal e externamente nas grandes pontes do mesmo período. A primeira ponte de ferro foi projetada em 1777 – a Ponte Coalbrookdale (*fig. 2*), na Inglaterra. Tem um vão de 100 pés (30 metros). Foi logo superada pela ponte em Sunderland (1793-1796), com 206 pés (63 metros) e pela Ponte Schuylkill, de James

2. A Ponte Coalbrookdale, em Shropshire (1777-1781), a primeira ponte de ferro do mundo. Seu construtor, o mestre ferreiro Abraham Darby, teve como assistente um arquiteto secundário, T. F. Pritchard. A ponte atravessa o Severn, com um vão de 100 pés (30 metros).

3. A Ponte Pênsil Menai, ligando o norte do País de Gales à ilha de Anglesey, foi construída por Thomas Telford entre 1818 e 1826, como parte da estrada que liga Holyhead a Chester. Telford, o maior engenheiro de estradas e canais do princípio do século XIX, havia antes projetado uma enorme ponte de ferro, de um só vão, de uma ousadia sem precedentes – e que nunca foi construída – para substituir a Ponte de Londres.

Finley (1809), com 306 pés (93 metros). As duas pontes inglesas tinham arcos de ferro, a Ponte Schuylkill era uma ponte pênsil, e o princípio de suspensão resultou nas melhores pontes do início do século XIX, como a Ponte Pênsil Menai (*fig. 3*) de Thomas Telford (1818-1826), com um vão principal de 579 pés (176 metros).

Alguns arquitetos, no decorrer do século XIX – Matthew Digby Wyatt entre eles –, situam essas obras entre as estruturas mais bonitas do século. Mas elas não eram trabalho de arquitetos. Os arquitetos, como vimos, recorriam ao ferro de maneira secundária, quando havia necessidade, mas, por outro lado, apenas brincavam com ele. Eis o que escreveu Wyatt em 1850-1851 sobre as pontes, essas "maravilhas do mundo": "De tais inícios, as glórias que podem advir... podemos sonhar, mas não ousamos prever"[11]. Isso foi no ano do Palácio de Cristal. Pugin chamou-o de "monstro de vidro"[12], Ruskin de "estrutura de pepino"[13], mas Wyatt escreveu que o edifício deveria acelerar a "consumação desejada" e que a "novidade de sua forma e de seus detalhes... exercerá uma poderosa influência sobre o gosto nacional"[14]. Um pouco mais tarde ele previu, a partir da união do ferro e do vidro, "uma nova era na arquitetura"[15]. Isso ainda em 1851.

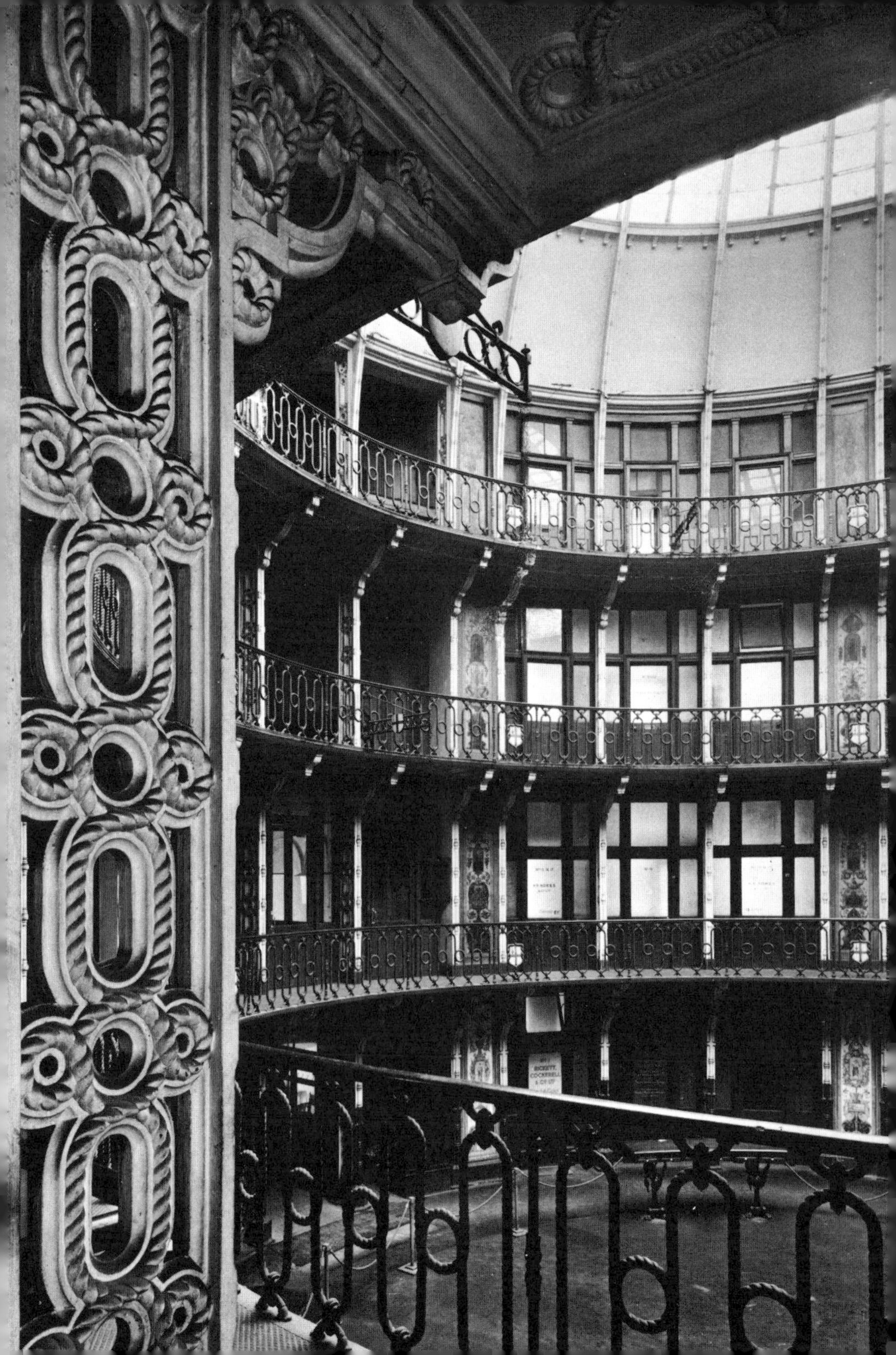

5. A Biblioteca Ste. Genèvieve, em Paris, construída por Henri Labrouste (1843-1850), uma estrutura de ferro revelada abertamente. Até então, as estruturas de ferro eram disfarçadas por um revestimento de pedra ou gesso.

Por essa época, alguns dos mais ousados arquitetos de renome começaram a prestar atenção ao ferro; a Biblioteca de Ste. Genèviève de Paris (*fig. 5*), feita por Labrouste (1843-1850), e a Bolsa de Carvão de Londres (*fig. 4*), feita por Bunning (1846-1849), são os primeiros edifícios cujo caráter estético é determinado pelo ferro. A Biblioteca tem mais elegância e sobriedade ornamental, pois Labrouste era, sem dúvida, melhor arquiteto. Isso se evidencia mais nos exteriores: Bunning apresenta uma vivacidade sem princípios, que naquele tempo era aceita na Inglaterra como parte do Renascimento Livre ou Misto. Labrouste é também renascentista, mas com tratamento nobre, com disciplina e economia de decoração. E ambos os arquitetos esconderam o ferro por trás da pedra.

◁ 4. Parte do interior, com galerias de ferro, da Coal Exchange (Bolsa de Carvão) de Londres, construída por J. B. Bunning (1846-1849). Sua demolição, em 1962, foi uma das perdas mais graves e mais fúteis dos últimos anos.

Wyatt admirava Bunning, mas alguém mais importante apreciava Labrouste e foi influenciado por ele: Emanuel Viollet-le-Duc (1814-1879). Quando Labrouste parou de lecionar, seus alunos convenceram Viollet-le-Duc a substituí-lo, e ele o fez durante um breve período. Paralelamente, começou a escrever seus *Entretiens* em 1858, publicando o primeiro volume em 1863 e o segundo e mais importante em 1872. Sua abordagem de arquitetura é funcionalista. Prega a "aliança da forma com a necessidade" e com "os meios de construção"[16]. Exige a autenticidade: que "pedra apareça como pedra, ferro como ferro e madeira como madeira"[17], que "aparências monumentais não escondam hábitos burgueses"[18]. E, conseqüentemente, insiste na necessidade de um estilo para o século XIX. "Hoje", ele diz, "possuímos recursos imensos provenientes da indústria e da facilidade de transporte"[19]. A arquitetura pertence "quase tanto à ciência quanto à arte"[20]. Os arquitetos devem parar de se interessar somente pelo fato de suas fachadas serem romanas, góticas ou renascentistas. De uma atitude como essa "nada de novo ou de vivo poderá surgir"[21]. Quando os engenheiros inventaram a locomotiva, "não ocorreu a eles imitar a forma de uma diligência"[22]. Se os arquitetos querem evitar que sua profissão se torne obsoleta, devem tornar-se "construtores habilidosos, prontos a tirar proveito de todos os recursos fornecidos por nossa sociedade"[23]. E dessa forma ele chega ao ferro, propõe o uso do ferro mesmo para armação de nervuras em abóbadas (como Boileau já havia demonstrado em igrejas de Paris) e até para estruturas externamente visíveis.

Palavras ousadas, sem dúvida, mas quais foram as ações? Viollet-le-Duc foi o grande restaurador das catedrais francesas, o grande mestre da arquitetura gótica – embora, reconhecidamente, com um senso agudo de estrutura. Como acontecera com Pugin, Viollet-le-Duc não colocou em prática o que pregou. Seu equivalente na Inglaterra era *Sir* George Gilbert Scott, também um restaurador convicto, também um mestre de arquitetura gótica de bom acabamento, que escreveu: "Uma ponte de arco de ferro pode ser feita de forma bonita, e seria difícil fazer uma ponte pênsil que não o fosse", e "é evidente que... a construção metálica moderna abre um campo novo para o desenvolvimento arquitetônico"[24].

Mas este não era o seu campo, como não era o de Viollet-le-Duc. Quando lhe foi pedido que projetasse um hotel ligado à nova

6. Plataforma ferroviária, de W. H. Barlow, na Estação St. Pancras, Londres, 1864: um extraordinário feito de engenharia, com seu vão em arco apontado medindo 243 pés (74 metros).

Estação St. Pancras em Londres, erigiu uma torre gótica que escondia inteiramente a magnífica construção metálica que o engenheiro William H. Barlow levantara para a plataforma de trens (*fig.* 6) e que, com seu vão de 243 pés (74 metros), era a maior até então construída pelo homem. Continuou sendo a maior da Europa por vinte e cinco anos, quando foi amplamente superada pela esplêndida Halle des Machines (*fig.* 7), de Dutert e Contamin, na Exposição de Paris de 1889, com seu vão de 362 pés (110 metros).

Mas enquanto o ferro e o vidro, com novo vocabulário estético que seu uso extensivo impunha, apareciam em edifícios de exposições e plataformas ferroviárias e também em fábricas e edifícios comerciais, que exigiam muita iluminação e estrutura celular, o arquiteto continuava a evitar os novos materiais e a se satisfazer com efeitos góticos, renascentistas e – cada vez mais – barrocos. Nem as possibilidades estéticas de superar a limitação de estilos anteriores através dos novos meios de construção estrutural, nem as possibilidades sociais de produção em massa de elementos foram encaradas seriamente pela profissão.

O grande impulso nos campos da renovação estética e social veio da Inglaterra, e tem como centro a figura gigantesca de William Morris, poeta, panfletista, reformador, designer – formado um pouco na universidade, um pouco na arquitetura, um pouco na pintura – e acabando por se tornar industrial e comerciante, embora com um caráter muito especial. A firma de Morris começou em 1861, em conjunto com seus amigos, o arquiteto Philip Webb e os pintores Ford Madox Brown, Rossetti e Burne-Jones. As teorias de Morris, vivenciadas por ele a partir dos vinte e cinco anos e expostas em palestras impetuosas depois dos quarenta, são conhecidas. Elas provêm de Ruskin, que abominava o Palácio de Cristal, dizia que uma estação ferroviária nunca poderia ser arquitetura e negava com fanatismo a necessidade da época de buscar um estilo próprio: "Não se passa um dia sem que nossos... arquitetos sejam instados a serem originais e a inventarem um novo estilo... Nós não queremos um novo estilo de arquitetura... Não interessa a mínima se temos uma arquitetura nova ou velha... As formas de arquitetura já conhecidas são suficientemente boas para nós e muito melhores do que qualquer um de nós"[25]. Morris era mais sensato. Refutava o historicismo corrente, "o disfarce com roupas abandonadas por outras pessoas"[26], mas recomendava também que os arquitetos "estudassem o trabalho dos antigos diretamente e aprendessem a entendê-lo"[27]. Não era revolucionário. Amava a Idade Média, a natureza e o campo, odiava as grandes cidades. Sua aversão, inicialmente, era visual, mas tornou-se social quase imediatamente. Londres, para ele, não era apenas "um con-

---

7. A famosa Halle des Machines, construída para a Exposição de Paris de 1889. Foi ▷ primeiramente obra de engenheiros, chefiados por V. Contamin, embora com a assistência, nos detalhes, do arquiteto Dutert – um padrão que veio a se tornar característico no futuro.

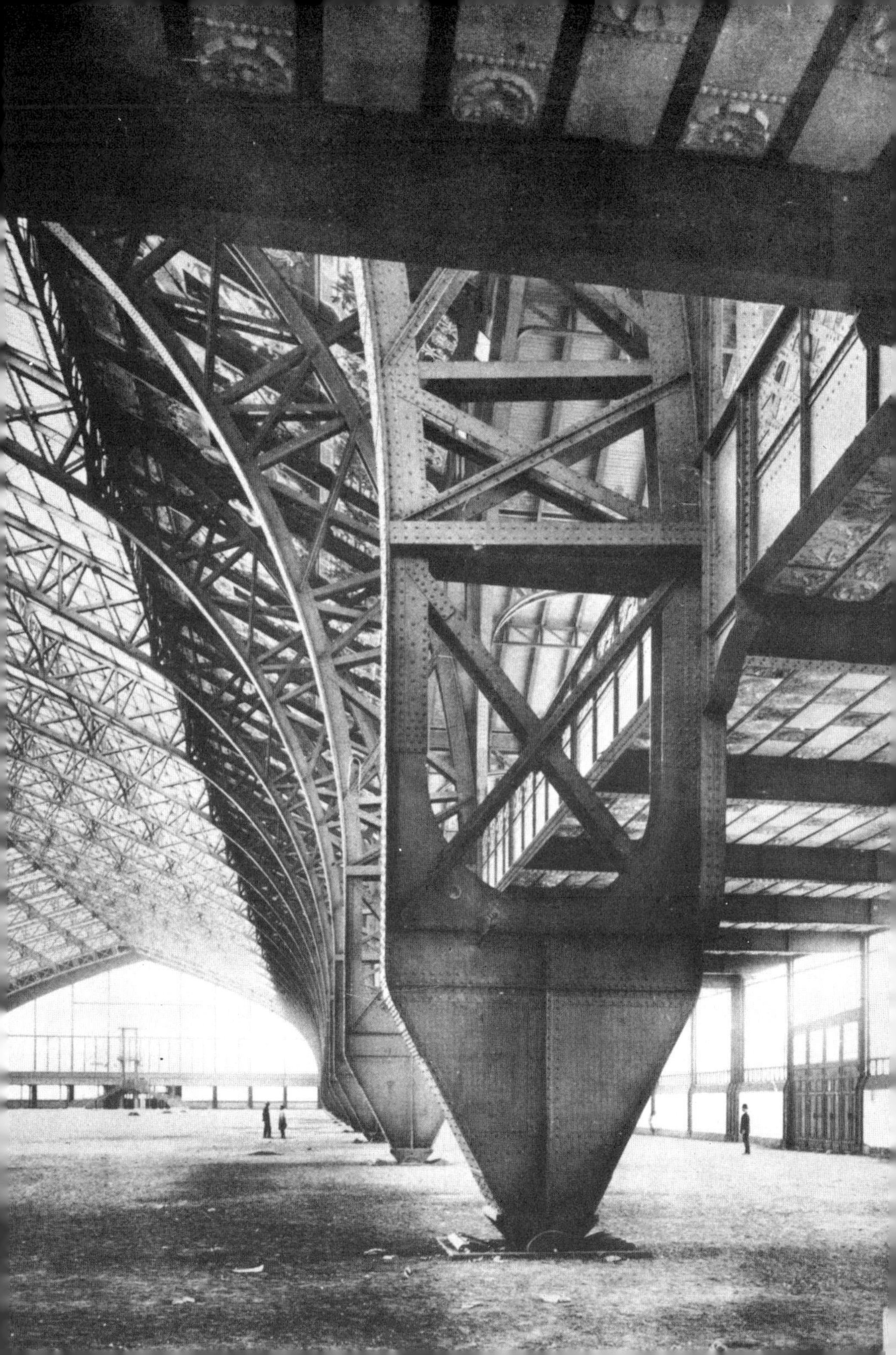

dado inteiro cheio de casebres horríveis"[28], mas também uma "congregação bestial de vigaristas e seus escravos"[29]. A Idade Média, a seus olhos, não era apenas agradável, mas também – como para Ruskin – estava certa em termos de estrutura social ou do que ele acreditava ser estrutura social. Na Idade Média, dizia ele, a arte não estava "dividida entre grandes homens, homens menores e pequenos homens"[30]; os artistas não eram, como agora, "homens altamente cultos, cuja educação os habilita, na contemplação das glórias passadas do mundo, a fechar os olhos à sordidez cotidiana em que a maioria dos homens vive"[31]. Os artistas eram simplesmente trabalhadores, "homens comuns", que trabalhavam "na bigorna" ou "na madeira" com "um sorriso de prazer"[32]. As coisas que são hoje peças de museu, "eram coisas comuns naqueles dias"[33]. E a razão disso era que na Idade Média "o trabalho diário era suavizado pela criação diária da Arte"[34]. E, assim, Morris chegou à sua definição da arte como a "expressão, pelo homem, de seu prazer no trabalho"[35]. Chegou a exigir que a arte voltasse a ser isto: "uma alegria para quem faz e para quem dela desfruta". Pois o homem comum não tem interesse no artista isolado, mas pode usufruir o que o artesão faz para ele. A arte deve ser não só "do povo", mas também "para o povo"[36]. "Eu não quero arte para poucos, da mesma forma como não quero educação para poucos ou liberdade para poucos"[37].

É uma estranha teoria para ser seguida por um homem de meados do século XIX. Só pode ser entendida como uma demonstração de oposição ao padrão e ao gosto do design como foi exibido na Grande Exposição de Londres (1851), de Paris (1855), novamente de Londres (1862) e novamente de Paris (1867).

Ao vermos os utensílios, especialmente os domésticos, ilustrados nos catálogos dessas exposições, podemos entender as explosões de Morris. Na Idade Média "tudo o que era feito pela mão do homem era mais ou menos bonito"; hoje, "quase todos os utensílios feitos pelo homem civilizado são sórdida e pretensiosamente feios"[38]. O que está à venda e o que é vendido é "nocivo para o comprador e mais nocivo ainda para o vendedor, se ele tivesse consciência"[39]. Nossas casas estão cheias de "toneladas e toneladas de um lixo indescritível", e as únicas coisas aceitáveis estão, geralmente, na cozinha[40]. A razão é que só elas são honestas e simples, e "as duas qualidades mais necessárias na vida moderna (são) honestidade e simplicidade"[41]. Morris afirmava que se devia fazer uma fogueira com nove décimos de tudo o que existia nas casas das pessoas ricas[42].

No seu tempo, sem dúvida, Morris tinha razão em acusar a indústria. "Como condição de vida, a produção através de maquinaria é um mal"[43]. Mas, se nos recusamos a aceitar a máquina, não podemos produzir a baixo custo. O que a empresa de Morris fabricava tornava-se caro e não podia ser "para o povo". Da mesma forma como não era, estritamente falando, "do povo", pois Morris e seus amigos desenhavam *chintzes*, papéis de parede, mobília e louça que, embora feitos à mão (mesmo assim, nem sempre), não eram, na realidade, um trabalho artesanal. Mesmo com essas incoerências, Morris conseguiu o que queria. Fez com que jovens pintores e arquitetos de todos os países se voltassem para o artesanato e para o design, isto é, orientou-os no sentido de ajudar as pessoas em sua vida cotidiana.

Pode-se entender facilmente por que ele foi bem-sucedido, enquanto Henry Cole e seus amigos não o foram. Por um lado, Morris punha em prática (até certo ponto) o que pregava. Ele era um artesão* fanático, experimentando a xilogravura e a iluminura desde 1856, e mobiliando seus primeiros cômodos em Londres com "mobília intensamente medieval... firme e pesada como pedra"[44], desenhada por ele e construída por carpinteiros. Casou-se dois anos mais tarde e, depois, em 1860, mudou-se para Red House, em Bexley Heath, fora de Londres, uma casa projetada para ele pelo amigo Philip Webb e mobiliada com obras de Webb e do próprio Morris. A casa era ousada em vários aspectos, expondo os tijolos vermelhos sem nenhum revestimento, planejada de dentro para fora, isto é, considerando secundariamente as fachadas e mostrando abertamente a construção do interior.

Um detalhe como o da lareira (*fig. 8*) tem um caráter verdadeiramente revolucionário, completamente isento de alusões a qualquer período e completamente funcional, dispondo as cama-

---

* Optou-se por traduzir *craftsman* por *artesão* e *craft* por *artesanato*, por serem os termos mais próximos em português. Na expressão *arts and crafts*, utilizou-se *artes e ofícios*. (N. do T.)

·ARS·LONGA·VITA·BREVIS·

das de tijolos horizontalmente onde a lenha é colocada, e verticalmente onde a fumaça sobe. É uma exceção na época, e mais profética do século XX do que qualquer outra coisa no campo do design doméstico, em qualquer país, no espaço de trinta anos (*fig. 72*). A maior parte da mobília da firma é passadista, embora voltada para a simplicidade do *cottage* inglês, e nunca para a casa do rico. No entanto, entre a mobília vendida pela firma, podem-se encontrar, ocasionalmente, peças de um design notavelmente independente. Uma cadeira (*fig. 9*) desenhada pelo pintor pré-rafaelita Ford Madox Brown, por volta de 1860, por exemplo, embora sendo claramente uma simples cadeira de *cottage*, mostra originalidade no prolongamento elegante do espaldar.

Simplicidade e clareza unem essa cadeira, a lareira de Webb e os designs bonitos de Morris e sua firma, assim como seu famoso papel de parede *Daisy*, desenhado em 1862, e os azulejos *Swan* de Webb (*fig. 10*), desenhados no mesmo ano. Foi a ausência de simplicidade e clareza dos objetos à venda nas lojas existentes que

◁ 8. A Red House, em Bexleyheath, Kent, que foi projetada por Philip Webb, em 1859, para seu amigo William Morris, era confortável, doméstica e muito livre na manipulação das características de períodos anteriores. Em alguns detalhes, como nesta lareira, Webb mostra uma originalidade que se volta para o futuro, para Voysey ou Lutyens.

9. Sob a influência das idéias de Morris, os designers de mobiliário voltaram-se para a simplicidade do *cottage* inglês e reviveram vários modelos tradicionais do campo. Esta cadeira de Ford Madox Brown, de cerca de 1860, com suas linhas retas e assento de palha, antecede a fundação da firma de Morris.

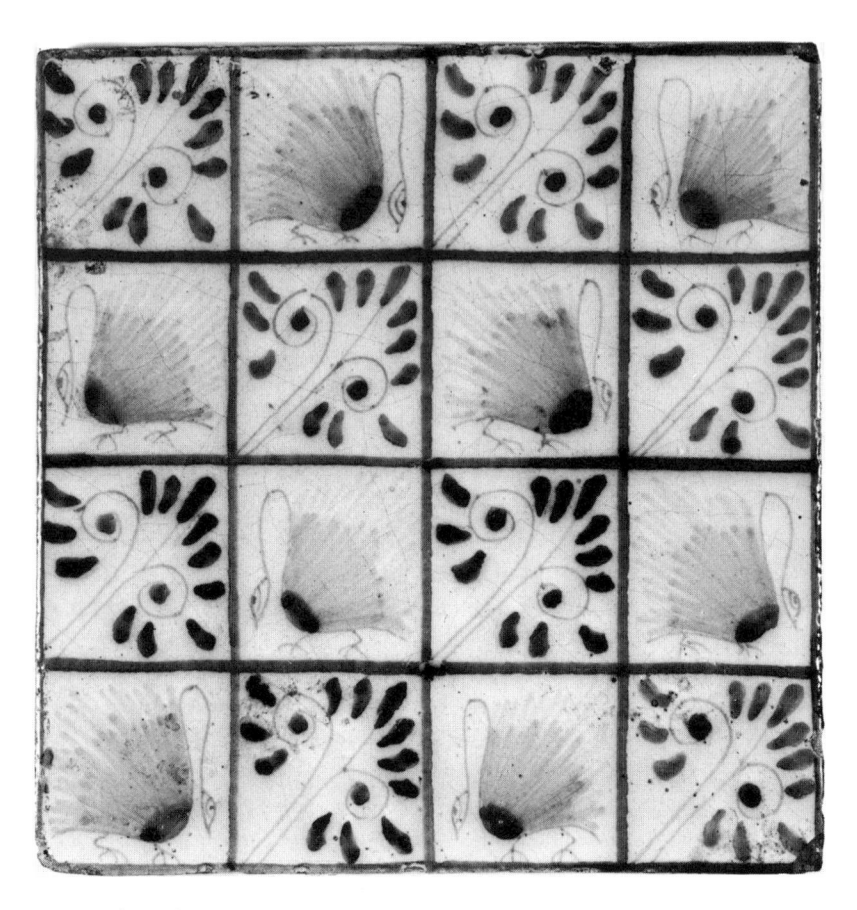

10. A firma de Morris & Co. exerceu uma influência decisiva sobre quase todos os aspectos do design e da decoração de interiores. Produziu estes azulejos desenhados por Philip Webb em 1862, para uma lareira da casa Old Swan, de Norman Shaw (*veja fig. 17*).

levou à criação da firma. E ali, novamente, Morris dirigiu o trabalho como artesão e como designer. Quando decidiu que a firma deveria se voltar para a estampagem de tecidos, e viu que a tintura mal feita era um dos principais problemas, aprendeu a tingir. E mais tarde, quando a firma se voltou para a tapeçaria, ele passou 516 horas, em quatro meses, no tear. Mas o sucesso de Morris não se baseou somente no exemplo de artesanato que ele deu: deveu-se principalmente ao seu gênio como designer. Os designs do círculo de Cole são secos e doutrinários, os de Morris são cheios de vida (*figs. 12, 13*). Isto é uma característica marcante do seu traba-

11. *Lily*, tapete tecido a máquina Kidderminster, por William Morris, 1877. ▷

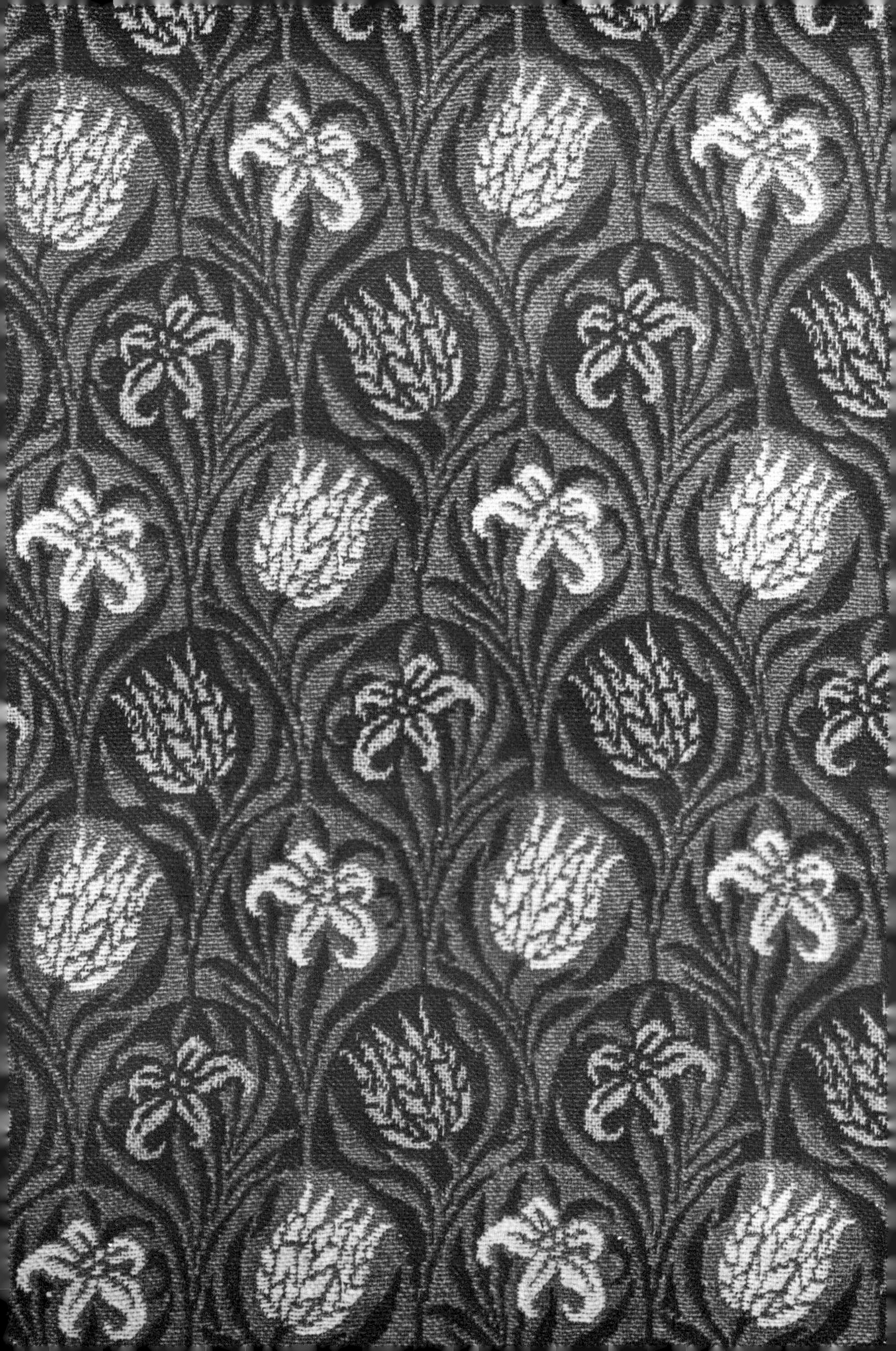

13. Damasco de seda desenhado por Owen Jones, amigo de Henry Cole e patrocinador da Grande Exposição: o círculo Cole, mesmo antes de Morris, reagiu contra o naturalismo fotográfico florido dos designs vitorianos, e produziu padrões planos para superfícies planas.

lho. Mas há outras. Seu design é sempre nítido. Nele não há "borrões e empastelamento"[45]. Em segundo lugar, ele foi mais bem-sucedido que qualquer outro, antes ou depois dele, em atingir um equilíbrio entre a natureza e o estilo, entre a planeza recomendada para tecidos, pelos círculos de Pugin e de Cole, e a riqueza e a abundância das flores e folhas que tinha estudado tão bem na infância e juventude (*figs. 11, 12*). Além do mais, seu design – em termos de criação, e não de imitação – possui exatidão e densidade equivalentes às da natureza observada. Finalmente – e isto é particularmente importante em nosso contexto – seu trabalho, especialmente o anterior a 1876, não depende diretamente do passado. Pode ter sido inspirado, até certo ponto, pelo bordado elizabetano ou jacobeano, mas é essencialmente original.

Assim como Morris sabia que restabelecer o valor das coisas de uso cotidiano era uma questão de consciência social, antes de ser uma questão de design, sabia também – e aí novamente provou ser profético – que o ressurgimento de uma arquitetura sólida deve preceder o de um design sólido. "A menos que se tenha

◁ 12. Um exemplo do design de Morris – um *chintz* (*Tulipa*, 1875) que mostra a vivacidade e o frescor do melhor de Morris.

optado", disse ele, em 1880, "por uma arquitetura boa e racional, é... inútil pensar em qualquer espécie de arte"[46]. Sabia que "o grande arquiteto" de seu tempo vivia uma vida zelosamente "afastada dos problemas comuns do homem comum"[47]. O que ele queria dizer com isso é que os principais arquitetos do século XIX despendiam suas horas úteis de trabalho projetando igrejas, edifícios públicos e casas de campo e mansões para os ricos. Essa atitude mudou muito gradualmente. A primeira etapa dessa mudança ficou conhecida como English Domestic Revival (Renascimento Doméstico Inglês), uma guinada de alguns arquitetos da geração de Morris para o campo da construção doméstica, de forma completa ou quase completa, e ao mesmo tempo para o trabalho em escala menor e com maior delicadeza de detalhe.

Os dois nomes mais importantes são os de Philip Webb, amigo de Morris, e Richard Norman Shaw (*figs. 14, 15*). Webb já

14. As casas de campo de Norman Shaw podem ser comparadas com as de Philip Webb. Banstead, em Surrey (1884), mostra o mesmo projeto sensivelmente informal, embora a chaminé angular e as janelas adequadamente dispostas sejam mais assumidamente urbanas.

15. Casa da última fase de Philip Webb: Standen, perto de East Grinstead, em Sussex (1892). Começando, como sempre, da exigência de conforto e conveniência, Webb realiza um projeto que une sinceridade e elegância.

foi mencionado mais de uma vez. Um dos primeiros trabalhos de sua fase madura é Joldwyns, em Surrey (1873). Seus principais méritos são uma combinação de arrojo e retidão, uma recusa ao exibicionismo e uma fé muito grande nos materiais de construção locais. Webb, como Morris, não era um revolucionário. Ele gostava do velho tipo de construção rural e usava os métodos e motivos desta arquitetura. Nunca temeu misturar estilos e cometeu, com gosto, inesperados solecismos, como as compridas chaminés de Joldwyns ou as cinco cumeeiras projetadas em Standen (*fig. 15*), uma casa de 1892.

Shaw era um tipo diferente, mais artista, enquanto Webb era mais construtor. Shaw era mais imaginativo e elegante, e talvez mais sensível. Ele também nunca se afastava muito do passado, pelo menos em seus motivos individuais, e também misturava os estilos. Os andares superiores da Old Swan House (*fig. 17*), em Chelsea, de 1876, estão na tradição das construções com estrutura de madeira. As janelas em ogiva, no primeiro andar, são de um motivo inglês favorito por volta de 1675, as janelas estreitas do andar superior são do estilo Queen Anne – mas o conjunto delicado e até *provocante* é Shaw, e ninguém mais, e teve uma grande influência na Inglater-

16. Shaw quase foi um perfeito contemporâneo de Morris e Webb. O que o distingue é sua graça sofisticada e sua disposição em jogar com estilos históricos para obter um efeito divertido. Seu edifício New Zealand Chambers, na cidade de Londres (1872), utiliza motivos dos séculos XVII e XVIII para criar um prédio de escritórios eficiente e bem iluminado.

ra e nos Estados Unidos. Shaw introduziu esse novo idioma na cidade de Londres. O edifício New Zealand Chambers (*fig. 16*), de 1872, infelizmente destruído na Segunda Guerra Mundial, é também elegante e doméstico. As janelas com sacadas, no térreo, são especialmente notáveis. Nelas, não há motivo de época: foram feitas de modo a permitir que o máximo de luz solar entrasse nos escritórios.

17. Old Swan House, em Chelsea, de Shaw (1876). Cada elemento pode ser localizado historicamente, mas a combinação de todos tem uma elegância que é característica indubitável de Shaw.

As casas de campo de Shaw (*fig. 14*) são semelhantes às de Webb, embora possam, talvez, ser consideradas mais leves.

Há ainda um aspecto muito interessante no trabalho de Shaw. Em Bedford Park (*fig. 18*), naquele tempo perto de Londres e ainda não engolfado pela cidade, ele construiu, a partir de 1875, o primeiro subúrbio-jardim. A idéia não foi dele, mas de Jonathan Carr, que comprou o local. Shaw, no entanto, deu vida ao projeto,

18. Bedford Park, perto de Londres – o primeiro subúrbio-jardim. As casas mais antigas (cerca de 1875) foram projetadas num estilo modesto que influenciou a arquitetura doméstica desde então. Os jardins eram grandes e informais, as árvores antigas foram preservadas para dar uma agradável impressão de rural.

em termos de ruas com casas modestas, velhas árvores preservadas em jardins e árvores novas plantadas nas ruas.

Novamente, o desenho das casas não é especialmente inovador. Sua origem é a Inglaterra de Tudor e de Stuart; não a Inglaterra das *prodigy houses*, mas dos solares do tamanho do de William Morris em Kelmscott (*fig. 19*), Oxfordshire. Webb e Shaw estabeleceram a casa de classe média como o principal reduto do arquiteto progressista. Morris havia restabelecido a importância estética do ambiente cotidiano. Mas nem ele, nem Webb ou Shaw tinham sentido a necessidade imperiosa de um estilo original do século XIX, isto é, de formas não tomadas do passado, como fez Viollet-le-Duc. Isso fez pouca diferença, pois Viollet-le-Duc, em termos de design, era mais preso a épocas do que Webb e Shaw. Ninguém na Europa podia fugir inteiramente do historicismo antes da década de 1880.

E a Europa, de fato, não abrange mais a situação mundial naquela época. A derrota do historicismo foi obra tanto de americanos quanto de europeus, embora a linha de frente americana fosse maior que a dos ingleses. No campo da casa particular, H. H. Richardson (*fig. 20*) e Stanford White (*fig. 21*) do grupo Mckim, Mead & White mostraram tanto arrojo quanto Shaw, embora não conhecessem suas primeiras casas. Ocasionalmente, como na casa de W. G. Low em Bristol, Rhode Island (1887), que lamentavelmente de-

19. Kelmscott Manor, a casa querida de William Morris: o espaço pitoresco e simples das casas antigas, com alas acrescidas gradualmente através dos séculos, inspirou os arquitetos ingleses de Webb e Shaw em diante.

21. W. G. Low House, em Bristol, Rhode Island, por Stanford White (1887, depois demolida). Nos Estados Unidos, arquitetos como White e Richardson conseguiram romper com o precedente histórico ainda mais radicalmente que Webb e Shaw.

20. F. L. Ames Memorial Gate Lodge, em North Easton, Massachusetts, por H. H. Richardson (1880-1881), toda em pedra maciça, seu material preferido.

sapareceu, White exibiu um radicalismo que ultrapassou o de Shaw, explicável, sem dúvida, pela situação de pioneiro numa nação jovem. O mesmo radicalismo foi utilizado com uma independência ainda maior na arquitetura comercial. É aqui que a América de 1890 firmou uma liderança internacional.

    O fato de a América ter alcançado esse momento crucial é dos mais notáveis do século. Os Estados Unidos tinham-se mostrado coloniais em sua reação aos estilos europeus. Tinham-se tornado provinciais, isto é, parte de uma frente comum de progresso, mas uma parte distante. Agora, de um momento para o outro, tinham deixado todo o mundo para trás. Fizeram isso desenvolvendo primeiramente o arranha-céu e, depois, descobrindo um estilo novo para ele. Em 1875, em Nova York, o Tribune Building, de Hunt, se elevava a 260 pés (quase 80 metros); em 1890, o Pulitzer World Building, de Post, chegava a 375 pés (mais de 110 metros).

    Esses arranha-céus originais eram simplesmente casas altas, nem mesmo caracterizadas como edifícios comerciais. Teria sido possível caracterizá-los assim, pois os edifícios comerciais ingleses

22. Em meados do século XIX, os edifícios comerciais ingleses tinham adquirido um estilo funcional, no qual a parede tinha sido reduzida a uma grelha de verticais e horizontais. Este exemplo, n⁰ˢ 5-7, Aldermanbury, Londres, de arquiteto desconhecido, data aproximadamente de 1840.

desenvolveram um estilo, já em 1840, no qual as fachadas foram reduzidas a colunas de pedra com janelas enormes (*fig. 22*). Chicago, uma cidade mais nova que Nova York, e onde as tradições não tinham importância, adotou esse tratamento novo e lógico, e fez dele o padrão de seus arranha-céus. Além do mais, Chicago acrescentou a inovação, igualmente lógica e de maior amplitude, de aplicar o sistema de estrutura de ferro, originalmente utilizado

23. Guaranty Building, em Buffalo (1895) – a obra-prima de Louis Sullivan. Na técnica e na ênfase fortemente vertical, aponta em direção ao século XX, mas seu ornamento elaborado e complexo o situa ainda na idade da Art Nouveau (*veja fig. 26*). ▷

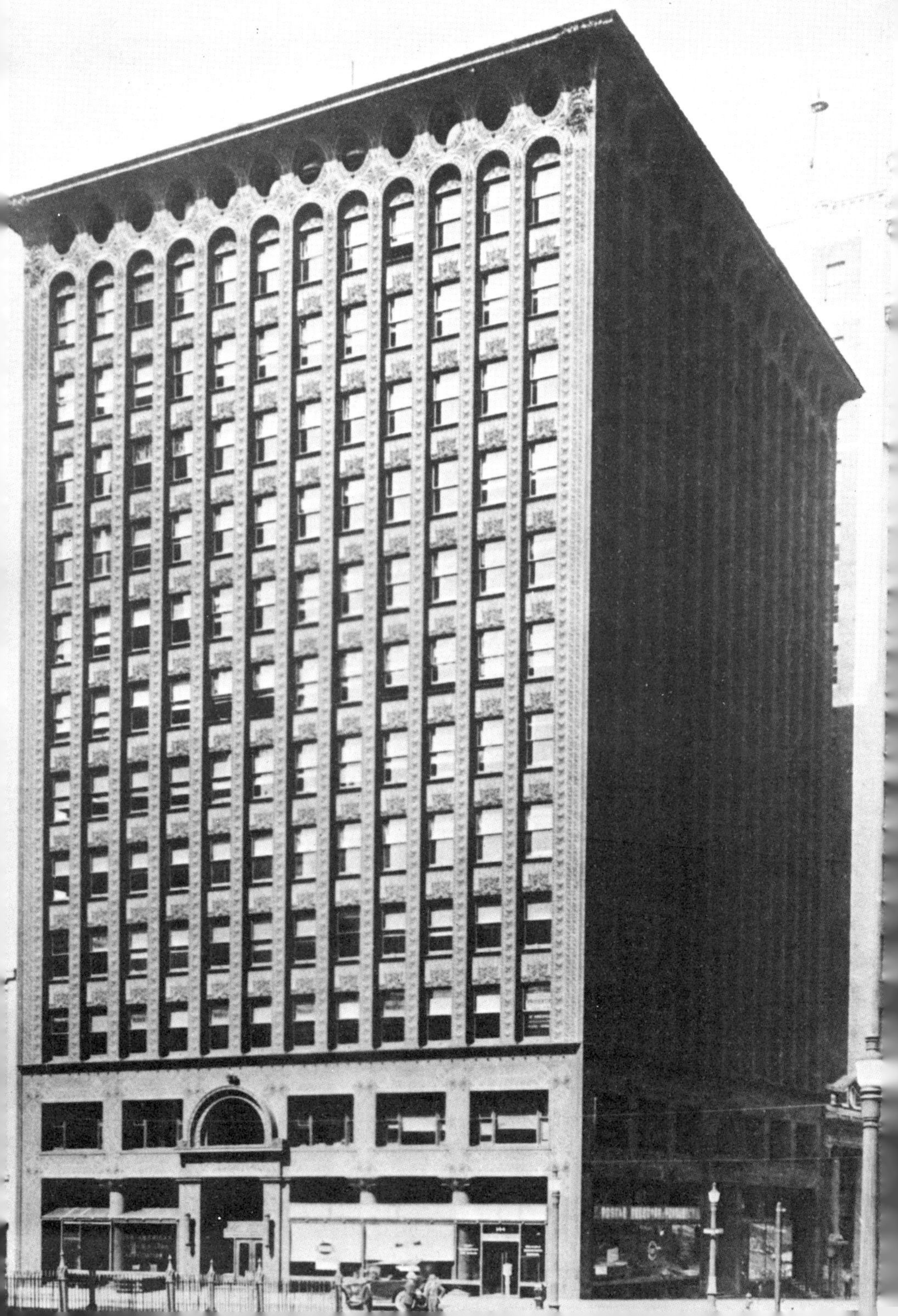

para fábricas, ao arranha-céu. Isso foi feito pela primeira vez por William Le Baron Jenney no Home Insurance Building (1833-1885). Era um edifício desordenado e espalhafatoso, mas o trabalho mais ordenado só foi feito cinco ou seis anos depois por alguns arquitetos mais talentosos: Burnham e Root, Holabird e Roche e Louis Sullivan (*fig. 23*). O Tacoma Building de Holabird e Roche data de 1887-1889, o Monadnock Building de Burnham e Root (não uma armação estrutural) de 1889-1891 e o Wainwright Building de Sullivan em St. Louis, de 1891. Nos anos seguintes, surgiram coisas ainda mais depuradas. O momento clássico de Holabird e Roche é o Marquette Building (*fig. 24*), de 1894, e o de Sullivan, o Guaranty Building (*fig. 23*), de 1895, em Buffalo.

A importância da Escola de Chicago é tripla. Encara-se, com mente aberta, a tarefa de construir edifícios comerciais, e encontra-se a melhor solução em termos funcionais. Surgiu uma técnica de construção não-tradicional para preencher as necessidades do trabalho, e ela foi imediatamente aceita. Quem tomava providências agora eram os arquitetos, e não mais os engenheiros ou outros "forasteiros". Sullivan, particularmente, sabia o que estava fazendo. No seu artigo *Ornament in Architecture* (*Ornamento em Arquitetura*), de 1892, ele escreveu: "Seria muito bom, esteticamente falando, que contivéssemos inteiramente o uso de ornamentos por alguns anos, de modo a concentrar o nosso pensamento... na construção de prédios... absolutamente simples"[48]. No entanto, o próprio Sullivan gostava demais de ornamentos, embora os usasse em exteriores em lugares cuidadosamente escolhidos. É um ornamento de folhagem (*figs. 25, 26*), muito pessoal, parcialmente inspirado pelo movimento de Morris, porém, mais livre, mais selvagem e mais emaranhado. Foi chamado de Art Nouveau ou pré-Art Nouveau, mas não se pode justificar esse termo até que se examine mais detidamente a Art Nouveau*.

---

* Optou-se por usar a expressão *a Art Nouveau* em lugar de *o (estilo) Art Nouveau*, por questão de eufonia. (N. do T.)

24. Marquette Building, em Chicago, por Holabird & Roche. Em 1894, a estrutura ▷ de aço inteiramente explícita em torno de janelas grandes e largas (as do primeiro andar já são do "tipo Chicago" (*fig. 182*); o detalhamento é simples e o conjunto é tão bem planejado que ainda hoje é altamente eficiente.

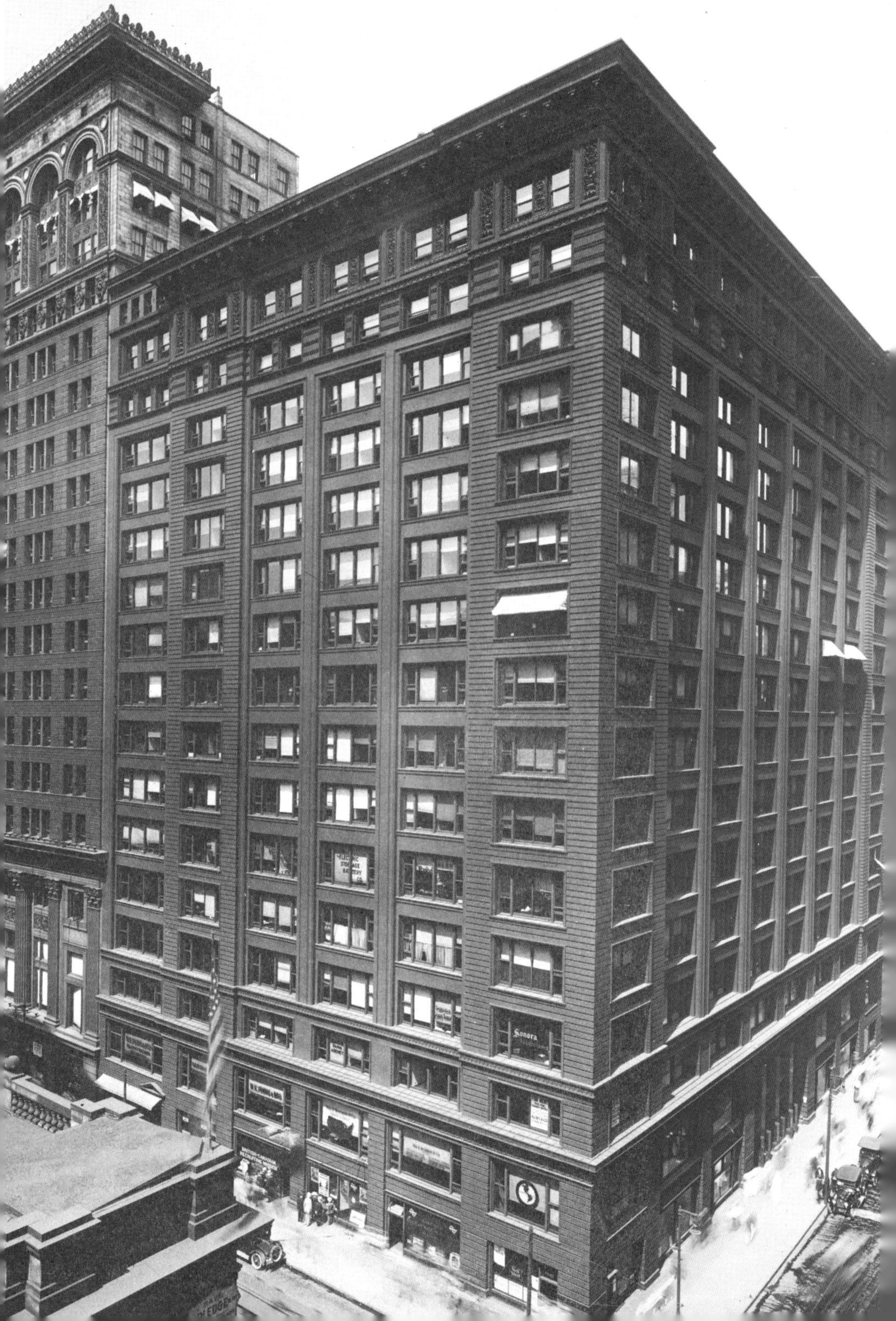
Sonora

25, 26. Ornamento de ferro fundido por Louis Sullivan (*à direita*), no Guaranty Building (1895, *fig. 23*) e (*acima*) na loja Carson Pirie Scott (iniciada em 1899) (*fig. 182*). Em arquitetura, o ornamento tinha um significado especial para Sullivan, e o seu, cheio de tensão e espirais exuberantes, é marcadamente original.

De fato, esta é a nossa tarefa agora, pois a Art Nouveau também eliminou o historicismo. Essa é sua significação primeira no design e na arquitetura da Europa, quaisquer que sejam as qualidades e aberrações que possa abrigar. Entre as origens da arquitetura moderna e do design, ela é ainda a mais controversa. A arquitetura e o design de hoje, tendo-se afastado do racionalismo e se voltado para a fantasia, fizeram com que a Art Nouveau se tornasse tópica, e suas qualidades, que neste livro aparecerão historicamente dúbias, são louvadas. Livros e exposições competem uns com os outros para apresentar seu fascínio. O mais importante é tentar uma análise ao mesmo tempo estética e histórica.

27. A página de rosto do livro de Mackmurdo de 1883, defendendo as igrejas de Wren, lançou motivos que se tornaram populares em toda a Europa.

CAPÍTULO DOIS
Art Nouveau

O termo Art Nouveau vem da loja de S. Bing, aberta em Paris em fins de 1895, e o termo alemão correspondente, *Jugendstil*, de um jornal que surgiu em 1896. Mas o estilo é anterior. Existe a suposição tradicional de que já tenha surgido, plenamente maduro, na casa de Victor Horta (*fig. 88*), na rua Paul-Emile Janson nº 6, em Bruxelas, projetada em 1892 e construída em 1893. Mas ela marca apenas a passagem do estilo da pequena para a grande escala e do design para a arquitetura.

As origens da Art Nouveau estão no período 1883-1888. Arthur H. Mackmurdo, um rico e jovem arquiteto e designer, escreveu em 1883 um livro sobre as igrejas de *Sir* Christopher Wren na cidade de Londres – um assunto que não parecia se ligar à Art Nouveau – e deu-lhe uma página de rosto totalmente Art Nouveau (*fig. 27*). O que justifica essa afirmação? A área interna à moldura é preenchida por um padrão de tulipas não-repetidas e assimétricas, vigorosamente estilizadas em forma de chamas. À direita e à esquerda, cortados pelas margens, estão dois galos, levados à delgadeza e comprimento excessivos. As características que estão presentes sempre que se fala em Art Nouveau são as formas assimétricas derivadas da natureza e manipuladas com obstinação e vigor, e a recusa em aceitar qualquer ligação com o passado. É claro que o desenho de Mackmurdo tem precursores, mas não pertencem a estilos de época consagrados.

Ele deve ter-se inspirado em Morris e, como este, nos pré-rafaelitas. Deve ter conhecido William Blake, como os pré-rafaelitas,

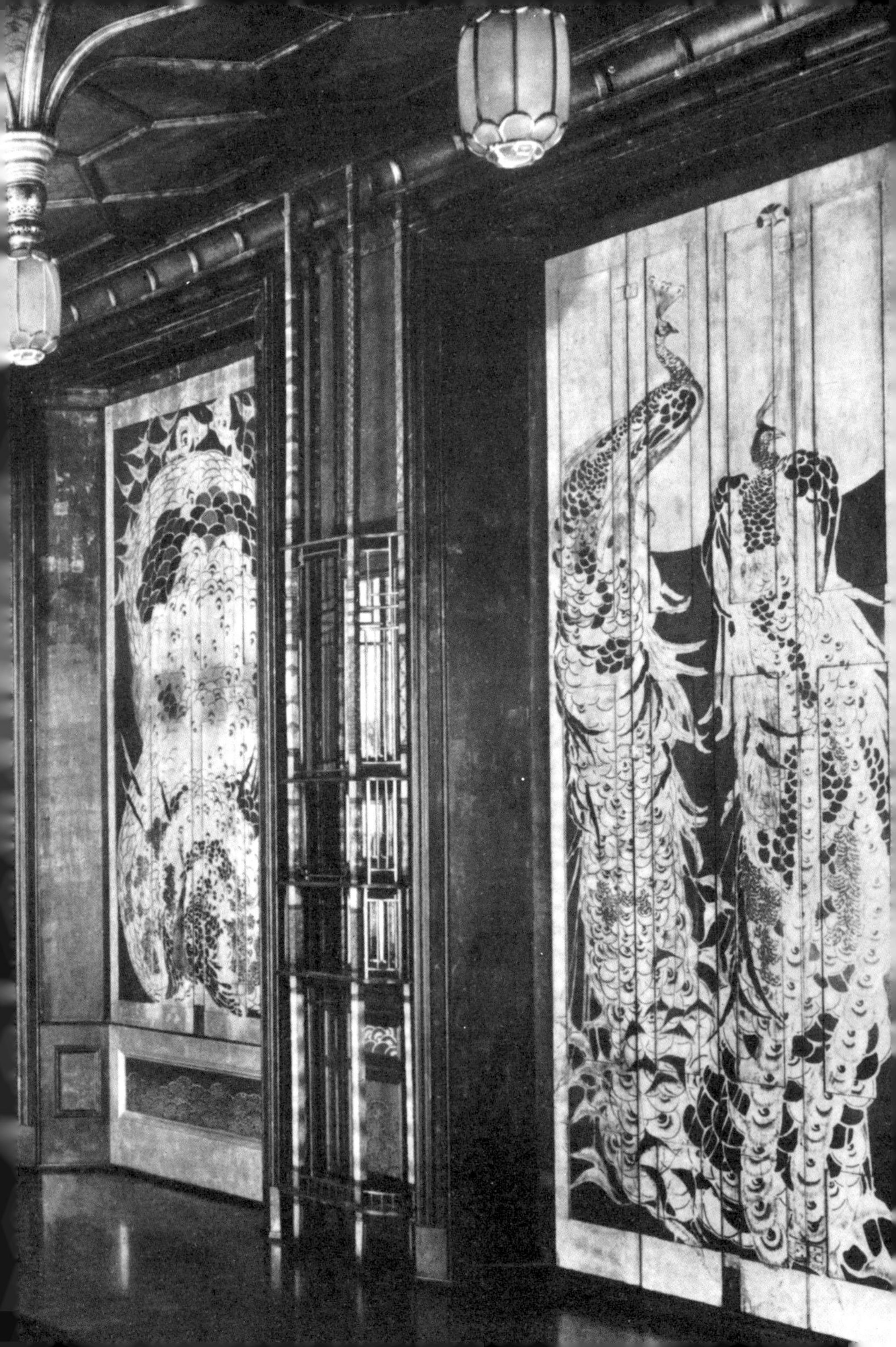

29. Três tendências depois de 1860: (*acima, à direita*) naturalismo aparente, agradavelmente formalizado no emblema de Morris & Co. (*c.* 1861); (*à direita*) elegância sinuosa no emblema de Mackmurdo para a Century Guild, incorporando as iniciais CG (1884); (*acima*) estilização japonesa na assinatura caligráfica em forma de borboleta de Whistler.

◁ 28. Peacock Room (Sala do Pavão), de 1876-1877: decoração suntuosa de Whistler em "japonaiserie" azul e ouro, numa sala projetada por Thomas Jeckyll para a coleção de porcelana do magnata armador F. R. Leyland.

mas era também familiarizado – inclusive socialmente – com Whistler, e embora este fosse um impressionista em seus anos de formação, em breve encontrou um objetivo próprio, misturando os tons leves, suaves e nublados do impressionismo com a criação de padrões decorativos ousados, algumas vezes quase abstratos, outras vezes lineares, como no famoso Peacock Room (*fig. 28*), de 1876-1877. Seu emblema, também famoso, a borboleta (*fig. 29*), é um exemplo de seu gênio em estilizações engenhosas. Junto com este exemplo, estão o emblema original da firma de Morris e o que Mackmurdo fez para a Century Guild, em 1881. Os três emblemas resumem uma história de natureza e abstração na qual Morris, Whistler e Mackmurdo têm a mesma importância. Não é preciso acrescentar que a idéia de chamar uma firma de *guild* (corporação) era uma homenagem ao círculo de Ruskin e Morris. Era para

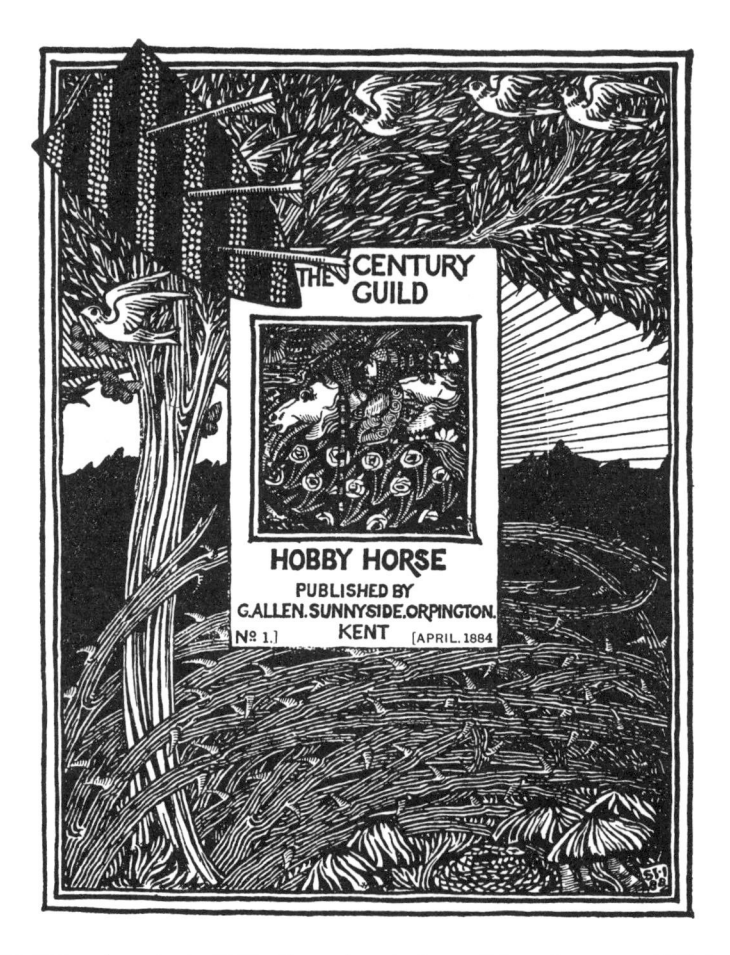

30. Página de rosto do *Hobby Horse*, desenhada por Selwyn Image em 1884. Impressa em papel feito à mão, com tipos tradicionais cuidadosamente escolhidos, inaugurou um estilo de design de livro que dura até nosso século. *The Studio* afirmou que "nunca antes a impressão moderna tinha sido tratada seriamente como arte".

dar uma conotação de Idade Média e de cooperação, em vez de exploração ou competição. A corporação de Mackmurdo publicou um jornal chamado *Hobby Horse*, cuja página de rosto e tipografia (*fig. 30*) merecem menção. Precedeu de seis anos a famosa entrada de Morris no campo da tipografia e da feitura de livros, a Kelmscott Press. Mackmurdo também desenhou estamparias (*figs. 32, 33*) para sua empresa em 1884, e elas possuem muito da originalidade e da afetação do frontispício de Wren. É difícil estabelecer os efeitos da Century Guild. Os anos 80 foram os anos do enorme sucesso de Morris como designer. Suas estamparias, então muito mais sóbrias, simétricas e até clássicas, eram a principal influência na Inglaterra. Mas a ousadia de Mackmurdo também encontrava eco aqui e ali. Heywood Sumner, que durante algum tempo esteve associado com a Guild, trabalhou dentro do mesmo estilo. A capa da tradução do livro *Undine* (*fig. 31*), de Fouqué (1888), é de fato uma obra-prima. O mundo dos duendes ou fadas

31. Capa do livro *Undine*, de Fouqué, por Heywood Sumner, 1888.

32, 33. Passos iniciais da Art Nouveau: tecido de algodão estampado (1884), acima, *Flor Simples*; à direita, *Pavão*, de Arthur Heygate Mackmurdo, parcialmente derivados de Morris, mas contendo todos os elementos do estilo posterior. Foram estampados por Simpson e Godlee, de Manchester, para a Century Guild.

da água devia mesmo falar à sensibilidade Art Nouveau. Cabelos, ondas e algas eram tão atraentes quanto essas criaturas elementares, guiadas não pela razão, mas pelo instinto. Pois a ordem baseada no intelecto é uma das coisas contra as quais a Art Nouveau se colocava, e a seleção consciente dos estilos do passado a serem imitados representava aquele princípio de ordem forçada.

A exploração de Mackmurdo era feita em duas dimensões, como a de Morris. Mas os esforços para romper as cadeias do historicismo no artesanato, através da feitura de objetos e não de sua simples decoração, não estiveram de todo ausentes. O berço disso foi a França. Emile Gallé, de Nancy, era cinco anos mais velho que Mackmurdo. Seus vasos de vidro de 1884 e dos anos seguintes são tão alheios às convenções do século XIX quanto os livros e as estamparias de Mackmurdo, com suas cores suaves e sutis e o mistério de suas flores, naturalisticamente representadas, emergindo de fundo nebuloso (*fig. 36*). E não era só Gallé nesses primeiros anos. Eugène Rousseau, por exemplo, um artesão bem mais velho, de Paris, e de quem se sabe muito pouco, voltou-se para um novo estilo nessa mesma época. O Musée des Arts Décoratifs (Museu de Artes Decorativas) comprou algumas de suas peças em 1885, e entre elas uma *jardinière* imitando jade e um vaso comprido de

34, 35. Com vidro, a Art Nouveau criou formas novas, bem como uma nova decoração. Entre os pioneiros, Eugène Rousseau, com peças como o vaso com rabiscos tipo Klee (*à direita*) e a *jardinière* imitando jade (*à esquerda*), ambos de 1884-1885.

36. Vaso de vidro de colorido sombreado de Emile Gallé (por volta de 1895), decorado com um ciclâmen em esmalte. Gallé, como Obrist (*fig. 54*), estudou botânica.

37. Copo de vidro com craquelê, de Ernest Baptiste Leveillé (*c.* 1889); marmorizado em cores por dentro e por fora, de aproximadamente seis polegadas (15 centímetros).

vidro transparente (*figs. 34, 35*), ambos marcadamente independentes e arrojados. O padrão rabiscado do vaso é particularmente ousado – mais para Klee do que para Morris. E. B. Leveillé, um aluno de Rousseau, mostrou trabalhos em vidro na Exposição de

38. Vaso de cristal decorado com esmalte transparente, de aproximadamente nove ▷ polegadas (23 centímetros), por Emile Gallé (1887).

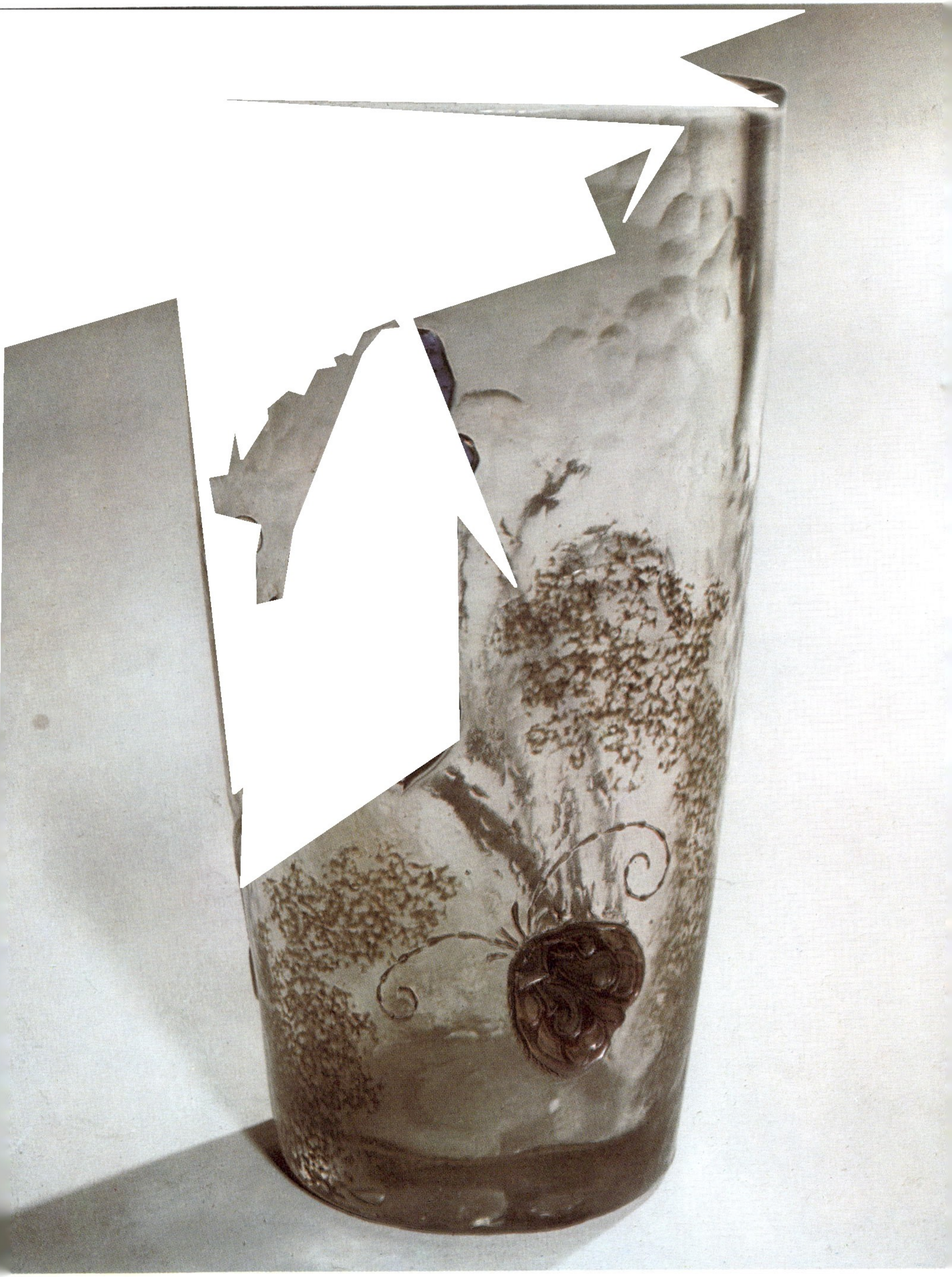

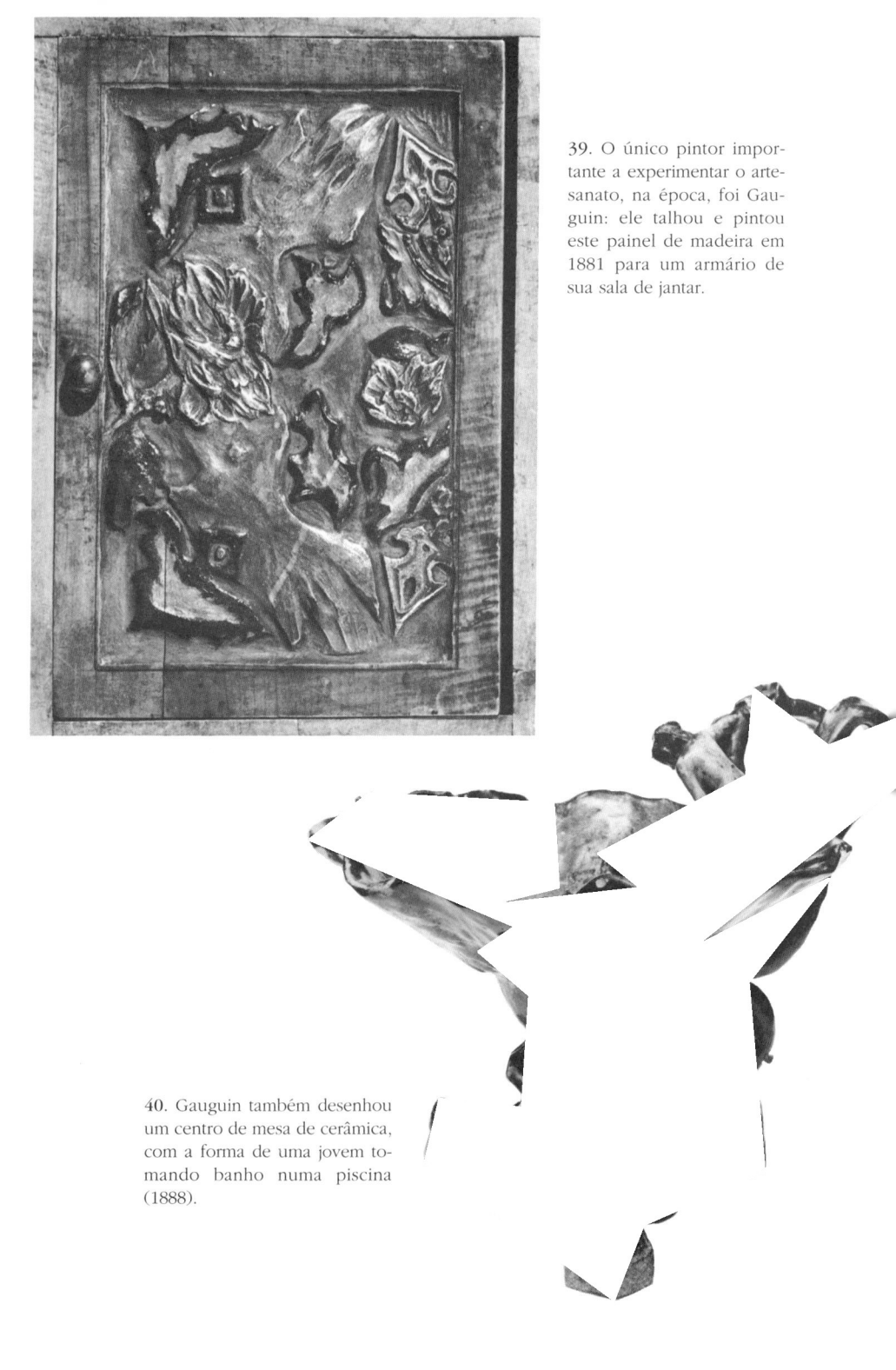

39. O único pintor importante a experimentar o artesanato, na época, foi Gauguin: ele talhou e pintou este painel de madeira em 1881 para um armário de sua sala de jantar.

40. Gauguin também desenhou um centro de mesa de cerâmica, com a forma de uma jovem tomando banho numa piscina (1888).

41. Jarro de Gauguin, cozido e esmaltado em 1886 por Chaplet.

Paris de 1889, inteiramente no mesmo espírito: por exemplo, um vaso de vidro craquelê (*fig. 37*), marmorizado em verde e vermelho. Em cerâmica só há um paralelo a Rousseau, e isso nos leva ao mais influente "forasteiro": Gauguin.

    Gauguin é o único dos pintores mais importantes que não só influenciou o design por suas formas, mas também experimentou, ele mesmo, o artesanato. Em 1881, antes de abandonar seu trabalho no banco para se dedicar à arte, decorou um armário, para sua sala de jantar, com painéis esculpidos em madeira (*fig. 39*), com formas decididamente exóticas, e pintados de vermelho, verde, amarelo e marrom. O primitivismo começa aqui, um primitivismo muito diferente do de Philip Webb. Webb voltou-se para o campo inglês, Gauguin, para o selvagem. Em 1886, chegou à cerâmica. O jarro da fotografia (*fig. 41*) é original e extremamente rude. O centro de mesa com a banhista (*fig. 40*), de 1888, é um pouco menos intransigente . De fato, a introdução da figura feminina em objetos

42. *Homem com Machado*, de Paul Gauguin, 1891.

43. *Aux Roches Noires*, de Gauguin, 1889, do catálogo de uma exposição de pintura impressionista e sintética no Café Volpini, em Paris.

de uso estava tanto na tradição do século XIX como no gosto Art Nouveau.

Gauguin chega mais perto dos esforços de Mackmurdo e Sumner em seu trabalho em duas dimensões, isto é, como pintor e artista gráfico. A página de rosto do catálogo da exposição do Café Volpini (*fig. 43*), em 1889, é, outra vez, violentamente primitiva; uma pintura como o *Homem com Machado* (*fig. 42*) apresenta

44. A linha sinuosa da água no quadro de Gauguin, (*Homem com Machado*), pintado no Taiti em 1891, reaparece na página de rosto de Henri van de Velde para o *Dominical*, de 1892.

58 ORIGENS DA ARQUITETURA MODERNA E DO DESIGN

as linhas sinuosas que se tornaram características da Art Nouveau. Sua influência foi breve mas ampla, e não somente em pintores como Munch. Gauguin transmitiu sua preocupação com o artesanato, bem como seu estilo, a seus amigos de Pont-Aven, e assim encontramos Emile Bernard, em 1888, trabalhando em madeira e tapeçaria de parede (*fig. 46*), e J. F. Willumsen, em 1890, voltado para a cerâmica (*fig. 45*), muito semelhante à de Gauguin. Willumsen permaneceu algum tempo na França e voltou para a Dina-

45. Entre os amigos de Gauguin em Pont-Aven, muitos se animaram com seu exemplo de se dedicar ao artesanato. O pintor dinamarquês Jens Ferdinand Willumsen produziu este vaso que representa uma mãe, um pai e o bebê (1890).

46. Emile Bernard, também do círculo de Pont-Aven, fez esta tapeçaria de parede representando mulheres bretãs colhendo peras, em 1888.

marca. Lá, no entanto, durante a sua ausência, havia se iniciado um desenvolvimento paralelo na cerâmica, presumivelmente independente de Pont-Aven. Thorvald Bindesbøll, dois anos mais velho que Gauguin, um arquiteto por formação, filho do arquiteto dinamarquês mais original do movimento neogrego, começara a trabalhar em cerâmica em 1880. O prato de 1891 (*fig. 47*), com suas tulipas toscamente desenhadas e dispostas assimétrica e casualmente, ainda está ligado a Gauguin e à Art Nouveau; seus trabalhos posteriores (*fig. 48*) têm uma posição única no conjunto da Europa. Fica-se tentado a estabelecer um paralelo com a importân-

47. O dinamarquês Thorvald Bindesbøll tornou-se o ceramista mais original de sua geração. O prato, de 1891, ainda é Art Nouveau em suas linhas retorcidas, tulipas naturalísticas e assimetria, embora haja influências orientais.

48. Prato da última fase de Bindesbøll (1899), com decoração abstrata ousada, coloca-o numa categoria à parte de qualquer outro artista europeu da época. Ambos os pratos mostrados aqui são de cerâmica esmaltada com decoração *sgraffito* e são grandes – cerca de 18 polegadas de diâmetro (45 centímetros).

49. O maior mestre inglês da escultura Art Nouveau foi Alfred Gilbert; na base da fonte "Eros", no Piccadilly Circus (1892), deu vazão a seu gosto por figuras distorcidas e formas marinhas levemente sinistras.

cia de Kandinsky, mas eles o antecedem em quase trinta anos. Pode-se também – e com maior justeza – olhar na direção de Gaudí, mas mesmo aí Bindesbøll parece ter prioridade. O impacto de Bindesbøll permanece, e o que o vincula ao nosso contexto é a atitude do arquiteto que se torna ceramista e artesão em geral.

O radicalismo da força de Bindesbøll não se encontra em nenhuma outra parte. O que chega mais próximo, na Inglaterra, são alguns elementos meio dissimulados nos monumentos bem-sucedidos de Alfred Gilbert. Gilbert era um escultor em metal, metais preciosos em pequena escala, bronze nos trabalhos maiores, ge-

50. Centro de mesa de prata com incrustações de madrepérola, desenhado por Gilbert para o Jubileu de Ouro da Rainha Vitória em 1887 e presenteado a ela por seus oficiais. Mede mais de três pés de altura (um metro, aproximadamente).

51. Grade de ferro batido da Casa Vicens, de Gaudí (c. 1880), com motivos de folhas de palmeira. O pai de Gaudí trabalhava em cobre, e ele utilizou abundantemente o metal.

ralmente monumentos. Suas figuras são incrustadas numa substância cartilaginosa, às vezes parecendo escorrer densamente como lava, outras adquirindo formas grotescas (*figs. 49, 50*). Só houve um homem, em outro país, tão ou mais disposto a forçar o metal em expressão assim violenta: Antoni Gaudí, de quem falaremos adiante com maior destaque. O material de seus primeiros desafios era o ferro. Seu pai trabalhava em cobre, e ele cresceu vendo, diariamente, o metal sendo fundido e moldado. A inspiração para experimentar o ferro com objetivo de decoração pode também ter vindo dos *Entretiens* de Viollet-le-Duc (*fig. 52*), que mostram, nos detalhes de tímpanos entre arcos de ferros, como frisos de folhagens medievalizados podem ser feitos de ferro. A primeira casa de Gaudí, a Casa Vicens (*fig. 51*), em Barcelona (1878-1880), é tam-

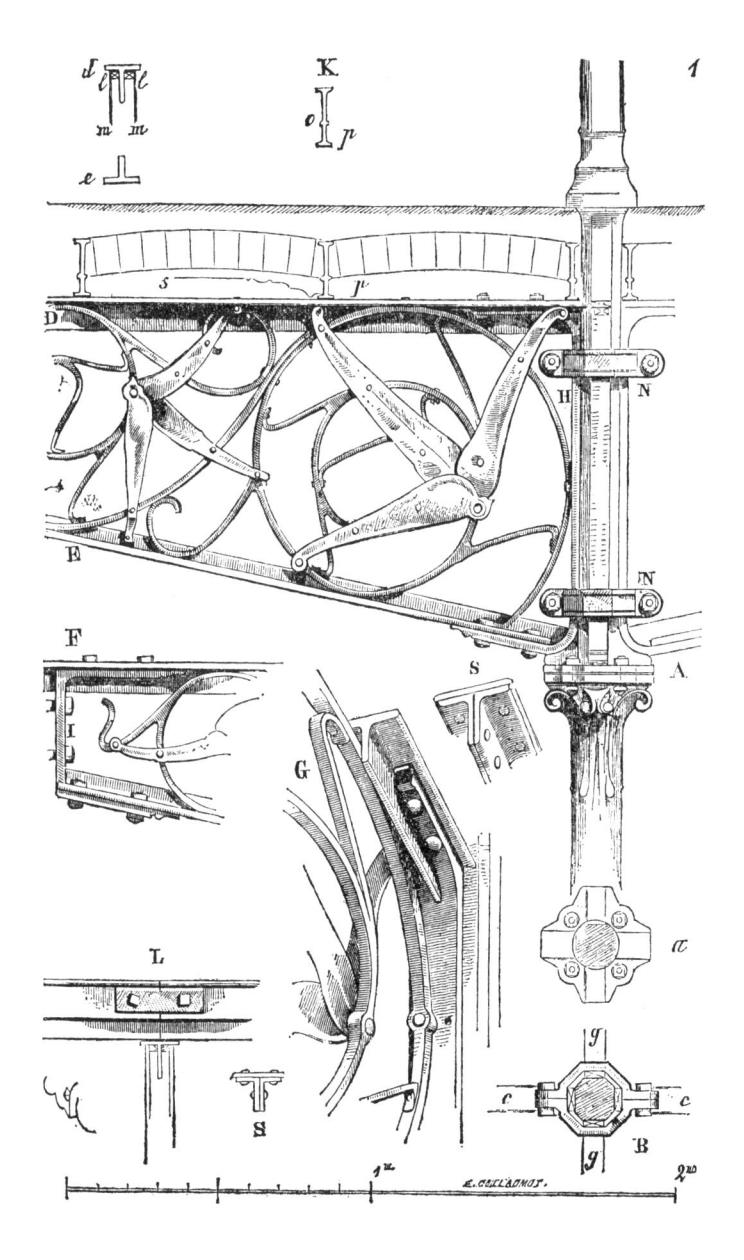

52. Detalhe dos *Entretiens* de Viollet-le-Duc (1872), mostrando uma construção em ferro fundido e o uso de folhagem de ferro em um tímpano.

bém medievalizada, embora de forma semimourisca, e também são fantásticas as palmas ou estrelas pontiagudas da cerca de ferro. No Palácio Güell (*fig. 109*), de 1885-1889, seu primeiro trabalho, as formas são menos agressivas e mais insinuantes, e o feitio parabólico do portal é tão inesperado e livre de referências do passado como as ondulações do ferro. A facilidade de entortar o ferro batido e sua ductilidade, que permitem obter os mais delicados filamentos como hastes, fizeram do ferro um material favorito da Art Nouveau.

Foi imediatamente adotado com a casa de Horta de 1892-1893, já mencionada. A famosa escada da rua Paul-Emile Janson nº 6 (*fig. 88*) tem uma coluna delgada de ferro, um corrimão de ferro de curvas finas e, além disso, não em ferro, decorações aplicadas nas paredes, chão e teto, com as mesmas curvas. Quase não se pode acreditar que isso pudesse ter sido projetado sem a influência da Inglaterra de Mackmurdo. A influência indireta de Pont-Aven é mais facilmente provada, como veremos. Embora estejamos lidando com arquitetura, o trabalho da escada era essencialmente de decoração, como o de Gaudí na entrada do Palácio Güell (*fig. 109*).

53. *A Vigília dos Anjos*, do designer belga Henri van de Velde (1891), sem dúvida inspirado no grupo de Pont-Aven. Esta é a essência da Art Nouveau – um tema reconhecível, mas todo o contorno reduzido à ondulação.

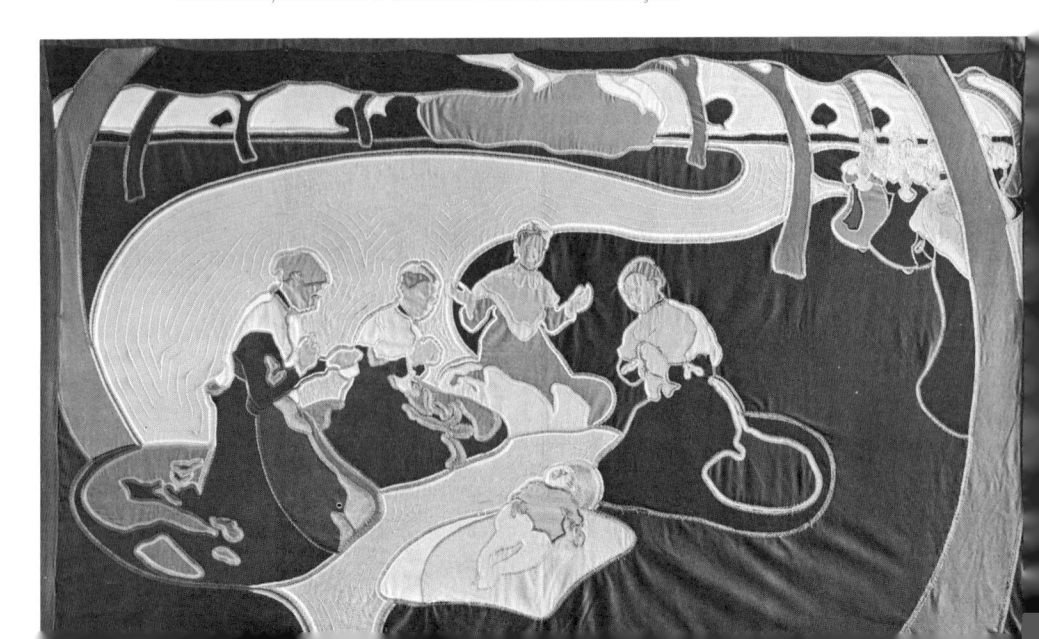

54. Bordado de Obrist, *Whiplash* (*Chicote*, 1892-1894), como uma exótica ilustração botânica, mostra as folhas, botão, flor e raiz da planta. Obrist estudou botânica e encarava a arte como "a glorificação da natureza nunca vista até então, sua vida poderosa e suas gigantescas forças divinas".

Ainda não estamos suficientemente preparados para a arquitetura propriamente dita dos edifícios e seus designs.

Art Nouveau é, de fato, em grande parte, uma questão de decoração – tanto que alguns têm negado sua validade como estilo arquitetônico – e é, mais ainda, uma questão de decoração de superfície. Podemos agora acompanhar a Art Nouveau nos anos de conquista e sucesso internacional. Um sucesso de curta duração, pois começou por volta de 1893 e enfrentou uma oposição formidável de 1900 em diante. Depois de 1905 manteve-se apenas em alguns países, principalmente em trabalhos comerciais, dos quais não ficou nenhum ímpeto criativo, se é que existiu.

Como as estamparias e a arte do livro iniciaram o movimento, podem ser examinadas em primeiro lugar. Henri van de Velde, pintor belga, influenciado pelos *pointillistes* e por Gauguin, voltou-se para o design em torno de 1890, o primeiro caso de conver-

55. "É como se a primavera chegasse de repente", disse Van de Velde quando viu pela primeira vez desenhos de Voysey. *Cobra d'Água* é um desenho exuberante, feito por volta de 1890. Voysey segue a linha de Morris e Mackmurdo, mas a Art Nouveau transforma seus primeiros desenhos em algo bem distinto.

são por Morris que podemos observar detidamente. A tapeçaria, mais especificamente colgadura, *appliqué*, chamada *A Vigília dos Anjos* (*fig. 53*), de 1891, só pode ser entendida como um eco do trabalho de Bernard. Interessa-nos por causa da disposição das formas, e as ondulações dominantes tornam-na completamente Art Nouveau. As árvores são estilizadas com maior rigor que as figuras. Um ou dois anos mais tarde, Hermann Obrist fez uma curiosa peça de bordado inspirada em flores com raízes (*fig. 54*). É um *tour de force* e se comparado com o melhor trabalho no campo dos têxteis na Inglaterra durante os mesmos anos, o trabalho de Charles F. Annesley Voysey (*fig. 56*), obtém-se uma primeira impressão de contenção e bom-senso da Inglaterra naqueles anos. Os

56. *Nympheas*, de Voysey, algodão estampado de 1888.

57. Catálogo de Georges Lemmen para uma exposição de *Les Vingt* (1891); está mais perto da ousadia e do vigor de Gauguin do que da sofisticação de seu conterrâneo belga, Horta.

58, 59, 60. O renascimento tipográfico, iniciado por Mackmurdo (*fig. 27*) e Morris, foi levado adiante na Bélgica por Van de Velde, com estas iniciais livres e cheias de arabescos para sua revista *Van Nu en Straks*, de 1896 (*à direita; veja também fig. 44*). Na Alemanha, Otto Eckmann desenhou este alfabeto e capa para o livro *Seven Lamps of Architecture*, de Ruskin (*extrema direita*), ambos por volta de 1900.

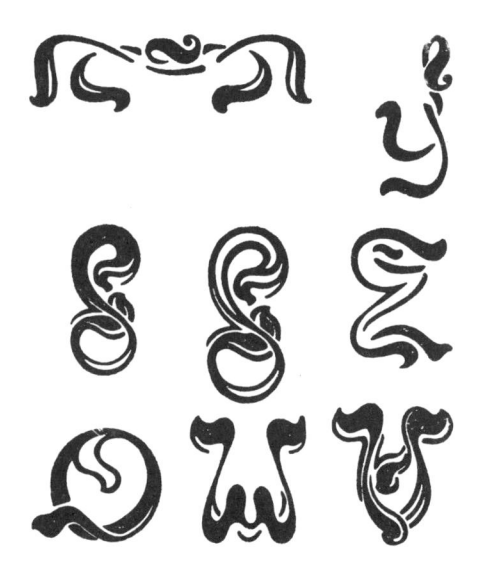

excessos da Art Nouveau estão ausentes. Uma exceção à regra já foi mencionada: Alfred Gilbert. A outra – escocesa, e não inglesa – será comentada mais tarde. Os tecidos de Voysey de 1890 são claramente influenciados por Mackmurdo (*figs. 32, 33*), mas são mais suaves em termos de ritmo. Menos de dez anos mais tarde, Voysey abandonaria completamente esse estilo e adotaria outro, mais original e menos Art Nouveau.

Em tipografia, a Bélgica novamente teve uma posição chave. *Les Vingt*, um clube intrépido de artistas cujas exposições eram talvez as mais corajosas da Europa – mostraram Gauguin em 1889, Van Gogh em 1890, livros e trabalhos de artistas ingleses em 1892 –, tinha como página de rosto de seu catálogo (*fig. 57*), em 1891, um desenho de Georges Lemmen, refletindo o estilo de Gauguin no máximo da Art Nouveau. No ano seguinte, Van de Velde entrou na ilustração de livros. Sua página de rosto para o *Dominical* (*fig. 44*), de Max Elskamp, é misteriosamente parecida com o Gauguin de *Homem com Machado* (*fig. 42*), pintado no Taiti no ano anterior. De 1896 são as iniciais feitas para a revista *Van Nu en Straks* (*fig. 58*), um jogo delicioso com as típicas curvas de Gauguin e dos artistas gráficos ingleses na linha de Mackmurdo. Aqui, novamente, o contraste com o esplendor sóbrio de Kelmscott Press é grande e serve como indício de como as coisas caminhariam diferentemente na Inglaterra. A Alemanha aderiu ao novo estilo belga depois de alguns anos de hesitação. Otto Eckmann, que morreu prematuramente em 1902, e Peter Behrens eram os designers principais. Eckmann abandonou a pintura pelo design em 1894, Behrens, em 1895. Ambos desenharam tipos de caráter Art Nouveau por volta de 1900 e também ilustrações de livros, impressos para firmas comerciais, capas de livro e encadernações (*figs. 59, 60*).

Deve-se acrescentar uma nota sobre encadernações nestas observações sobre a arte do livro. A razão para se escolher, como exemplo a ser ilustrado, uma encadernação (*fig. 61*) feita pelo artesão de Nancy, René Wiener, é que ela nos apresenta um aspecto diferente da Art Nouveau. As formas assimétricas, curvas e onduladas, que eram obrigatórias, poderiam ser obtidas abstratamente ou naturalisticamente. Van de Velde acreditava fervorosamente na primeira forma, enquanto os artistas de Nancy acreditavam na

61. A encadernação também foi afetada pelas novas idéias: um dos mestres foi René Wiener, de Nancy, que produziu este *portfolio* para gravuras – decorado com vinhas e uma prensa – desenhado e feito por Camille Martin em 1894.

62. Encadernação de Wiener para o *Salammbô*, de Flaubert (1893), com cantos esmaltados de Camille Martin. Victor Prouvé, que fez o trabalho em couro, desenhou-a de forma a sugerir o conteúdo da novela de Flaubert, que ele muito admirava: mostra Moloch, a deusa da lua Tanit, e Salammbô contorcendo-se no abraço da serpente.

outra. Nenhum deles estava sendo totalmente original. Henry Cole e seus amigos pregaram a necessidade de o ornamento ser "mais abstrato do que imitativo"[49], enquanto os decoradores vitorianos, em todos os países, atolaram-se em flores e folhas minuciosamente retratadas. Já Gallé tinha uma inscrição, na porta de seu ateliê, que dizia: "Nossas raízes estão no fundo das florestas, junto às fontes, sobre os pântanos", e escrevia num artigo: "As formas proporcionadas pelas plantas adaptam-se muito naturalmente ao trabalho gráfico"(*line-work*)[50]. Linha (*line*) é a palavra operativa. Em meados do século XIX, o naturalismo reinava em todos os campos; as ciências naturais eram idolatradas. Mesmo numa igreja, numa imitação cuidadosa do estilo do século XIII, a folhagem dos capitéis era feita de modo mais real que em qualquer momento da Idade Média, e as folhas de árvores e arbustos nativos eram exibidas orgulhosamente. Os designers Art Nouveau voltaram-se para a natureza porque necessitavam de formas que expressassem crescimento não feito pelo homem, formas orgânicas e não cristalinas, formas sensuais e não intelectuais.

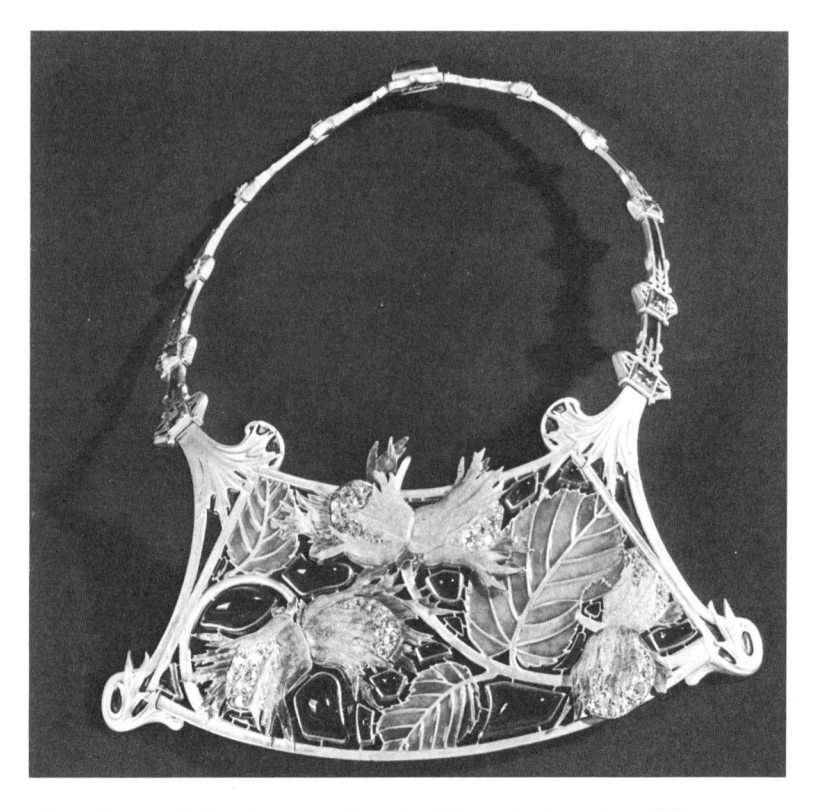

63. Colar (1900) de Lalique, um desenho filigranado de avelãs e folhagens em baixo-relevo, com esmaltes transparentes e diamantes.

Assim foi em Nancy e, naturalmente, em outros lugares. Van de Velde, por outro lado, insistia no processo intelectual de transformar a natureza em ornamento. O ornamento, dizia ele, deve ser "estrutural e dinamográfico". "A menor associação naturalística" ameaçaria os valores eternos do ornamento[51]. Poucos eram tão radicais quanto Van de Velde, mas, em questão de princípio, Voysey, por exemplo, concordava: "Ir à natureza é realmente ir à fonte, mas... diante de uma planta viva, o homem deve percorrer um processo elaborado de seleção e análise. As formas naturais devem ser reduzidas a meros símbolos"[52]. O futuro estava com os abstracionistas e não com os naturalistas, mesmo não sendo o futuro imediato. Pois assim que a Art Nouveau se propagou e se tornou comercialmente explorável, a versão de Van de Velde ficou sendo muito exigente, e as misturas menos puras de ornamentos curvos com as formas curvas das plantas, e mesmo do corpo feminino, obtiveram certamente um sucesso maior.

64. As jóias Art Nouveau davam grande margem à fantasia. No pingente de René Lalique (1901), as formas naturalísticas e estilizadas são combinadas de maneira inextricável. As linhas sinuosas são, ao mesmo tempo, talos das flores e cabelos de uma mulher; embaixo, como uma fruta exótica, uma pérola.

65. (*À esquerda*) Um broche de Wilhelm Lucas von Cranach combina vários motivos favoritos da Art Nouveau – insetos, criaturas marinhas, linhas entrelaçadas e uma atmosfera de perversão e ameaça – mostrando uma borboleta estrangulada por um polvo.
66. (*À direita*) Um broche de Lalique (1894) em forma de pavão, com a cauda em ouro esmaltado incrustada de pedras.

Os anos de sucesso universal, pelo menos na Europa continental, foram os anos finais do século XIX e os primeiros anos do século XX. O catálogo da Exposição de Paris de 1900 é uma mina de Art Nouveau. O colar com pingente (*fig. 63*), de René Lalique, foi exibido e, juntamente com o pingente (*fig. 64*) e o broche do mesmo autor, ilustra os papéis desempenhados pela natureza e pela estilização na Art Nouveau. Da Alemanha veio o broche (*fig. 65*) de Wilhelm Lucas von Cranach. Representa um polvo estrangulando uma borboleta, embora também possa ser visto abstratamente, e talvez seja mais conveniente vê-lo dessa forma. É um objeto belo, de esmalte vermelho, verde e azul, com pérolas barrocas e pequenas pedras preciosas e semipreciosas. No broche (*fig. 66*) de Lalique, o pescoço esmaltado do pavão surge de plumas de

67. Vaso de cerâmica esmaltada marrom, de Georges Hoentschel, por volta de ▷ 1901: o esmalte cremoso escorre ao acaso.

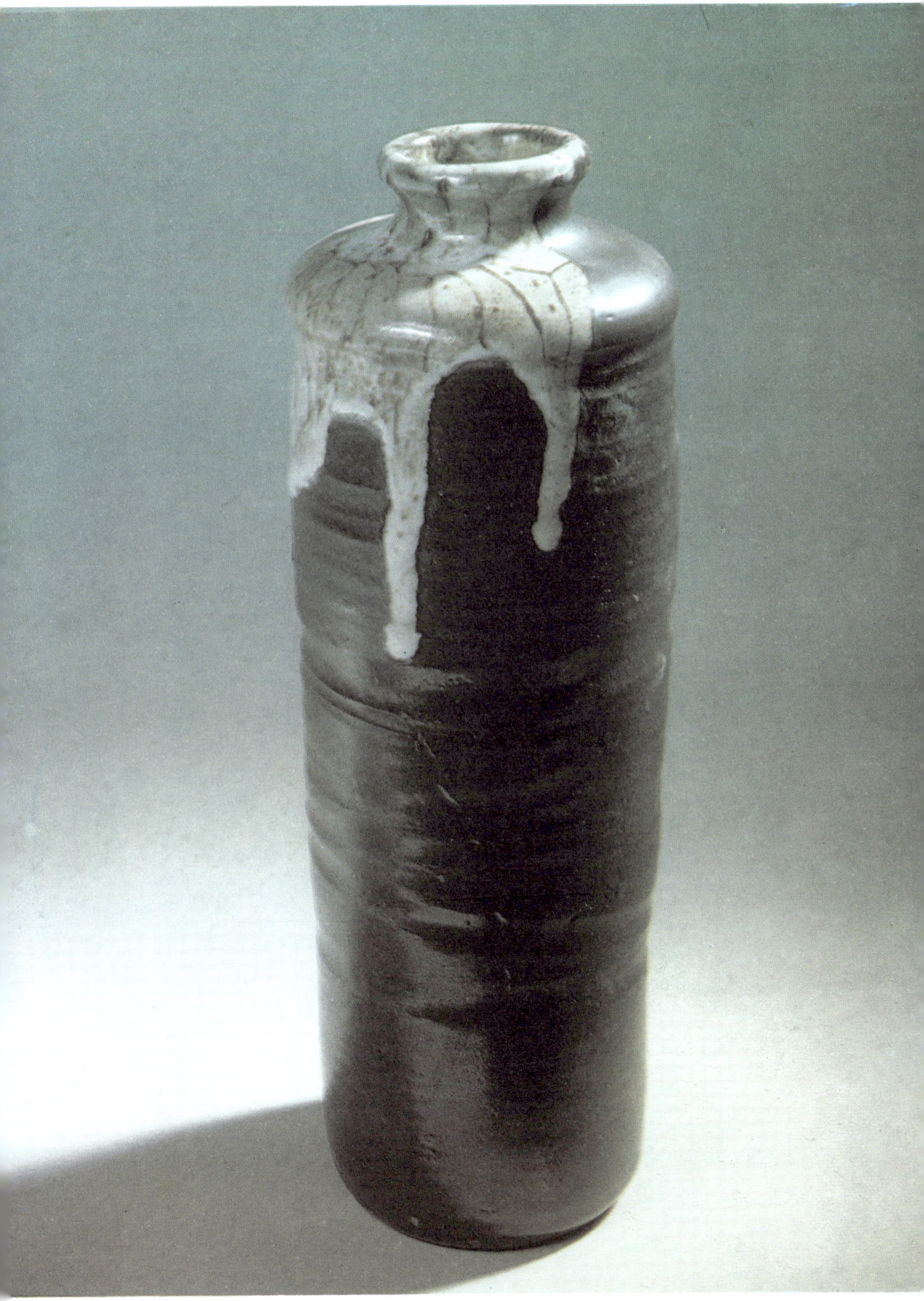

78 ORIGENS DA ARQUITETURA MODERNA E DO DESIGN

ouro e feldspato. Com as jóias, passamos da Art Nouveau em duas dimensões para a escultura Art Nouveau. Não havia razão para o princípio das ondulações não ser aplicado em três dimensões. Todos os materiais foram utilizados. No vaso de bronze (*fig. 68*) de Victor Prouvé, *Noite*, de 1894, o cabelo esvoaçante substitui as hastes e folhas de Mackmurdo e de Obrist, as plumas de Lalique e os tentáculos de Cranach. O que sempre fascinava o artesão eram os elementos naturais adaptados à sinuosidade da Art Nouveau. A cerâmica, e principalmente o vidro, eram materiais ideais para a Art Nouveau. O vaso de barro marrom-escuro (*fig. 67*) de Georges Hoentschel (*c.* 1901), com os brancos em relevo que escorrem de forma audaciosamente acidental, é um exemplo do primeiro; o vaso em forma de garrafa (*fig. 69*), dos irmãos Daum, de 1893, com açafrões na base e gotas de vidro escorrendo do gargalo alto, e, também, o famoso copo Favrile (*fig. 70*),de Louis C. Tiffany, são exemplos do segundo tipo. Tiffany também começou como pin-

68. (*Embaixo, à esquerda*) Vaso de bronze de Victor Prouvé (*veja fig. 73*): *Noite*, 1894. Nas mechas do cabelo, pequenas figuras emergem como nas ondas do mar.

69, 70, 71. O vidro foi moldado em formas Art Nouveau. Tiffany (*no centro*, um vaso de 1900) o fez iridescente; os irmãos Daum, num vaso roxo de 1893 chamado "Sorrowing Autumn Crocuses" (Tristes açafrões de outono) (*embaixo*), combinaram flores firmemente recortadas com gotas de vidro derretido. Os copos de vinho Koepping são flores (*à direita*), cujos cálices são sustentados, entre folhas, por hastes delicadas.

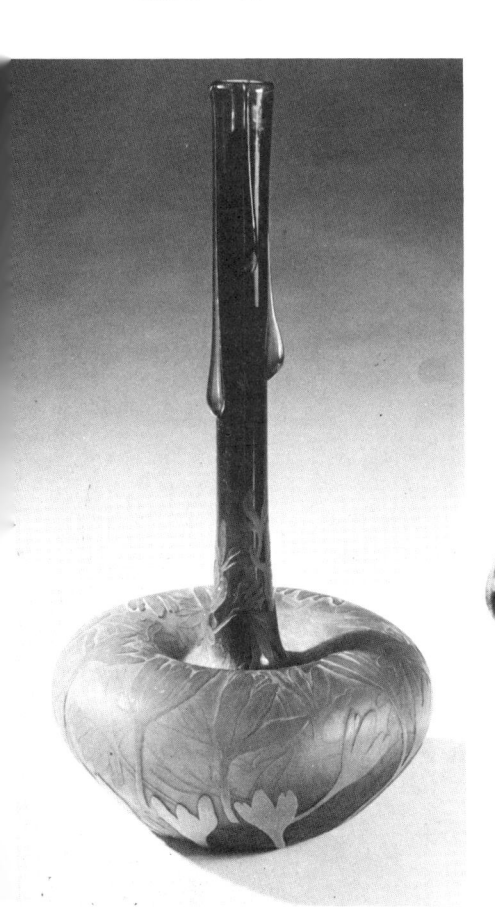

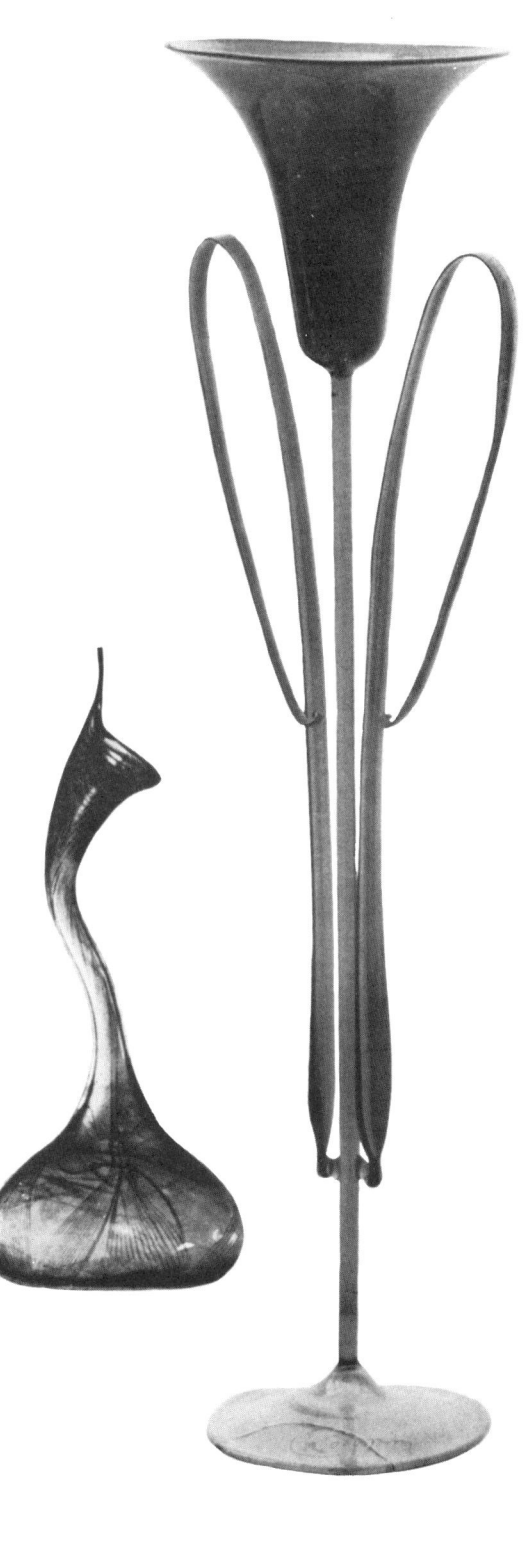

tor. Voltou-se para o vidro decorativo e para o vidro colorido, e em 1893 inaugurou um setor de fabricação de vidro. As formas ondulantes, extremamente acentuadas em seus vasos, e suas cores sutis, jogadas, nunca totalmente planejadas, tornaram-se padrão para a Europa; o trabalho em vidro de Karl Koepping (*fig. 71*) – que também tinha sido pintor – inspira-se claramente em Tiffany.

A madeira é um material menos maleável, e muita mobília Art Nouveau espelha a contradição entre a natureza do material e o desejo de expressão do estilo. Um meio de evitar o conflito era confinar a decoração com curvas a superfícies planas. Mas, via de regra, e especialmente na França, o material foi forçado a obedecer ao estilo. A França é, no final das contas, o país que levou mais longe a Art Nouveau. Havia dois centros: Paris, é claro, e Nancy. Numa civilização tão metropolitana como a do início do século XX, era impossível acontecer que uma capital provincial rivalizas-

72. Simplicidade e solidez: os ideais de William Morris representados por seus próprios padrões e o mobiliário em carvalho de Philip Webb (depois de 1858). As cadeiras com assento de palha (*veja fig. 9*) tornaram-se especialmente populares de 1870 em diante.

73. Excesso e artifício: sala de jantar em cedro de Eugène Vallin, para um cliente de Nancy (1903-1906). Os painéis em couro, os entalhes do teto e nos aparadores são de Prouvé, o vidro é de Daum, e o candelabro de cobre é do próprio Vallin.

se com a capital do país. No entanto, coisa semelhante aconteceu com Glasgow. Nancy é a cidade de Gallé e de um grupo de outros artesãos-fabricantes influenciados, em primeiro lugar, pela fé que Gallé tinha na natureza como fonte de ornamento. Louis Majorelle é o nome mais conhecido depois de Gallé (*figs. 74, 75*). O fato de que ele tivesse que modelar suas peças em argila, antes de serem feitas em madeira, é característico do esforço que era necessário para a feitura do mobiliário Art Nouveau.

A Art Nouveau, assim como o Barroco, reivindica o *Gesamtkunstwerk*. É raro que se possa apreciar corretamente uma peça individual sem se conhecer o contexto para o qual foi planejada. Só isso já exclui (ou deveria excluir) a produção em série. Com o

74. A grande Cama Borboleta de Emile Gallé, de 1904, onde novamente aparece o tema *insetos*, foi o seu último trabalho. Assistiu à sua fabricação preso a uma cadeira de rodas e morreu no mesmo ano.

vandalismo típico dos filhos em relação à geração de seus pais, a maior parte dos conjuntos Art Nouveau foi destruída. Foi sorte que o Musée de l'École de Nancy tivesse podido reunir, mesmo com alterações e reduções, uma sala de jantar completa de Eugène Vallin (*fig. 73*). Foi iniciada só em 1903, num momento em que os outros países líderes já se afastavam da Art Nouveau. Olhando-se para esta sala e tentando senti-la como um lugar para se morar, pode-se entender por quê. Uma expressividade tão violenta cansa. Mobília deve ser cenário. No caso, são as pessoas que se sentem como intrusos. E há o choque constante entre função e forma – as pernas da mesa com desajeitadas protuberâncias na base, formas arredondadas entalhadas nas portas e estantes. E, finalmente, deve ser muito complicado executar, em madeira, curvas como as que são feitas em cerâmica ou metal.

ART NOUVEAU 83

Um dos casos mais audaciosos é a sala de música de Alexandre Charpentier, que foi escultor antes de tornar-se decorador. A estante de música (*fig. 76*) é um exemplo puro da curva Art Nouveau tridimensional, espacialmente engenhosa e funcionalmente dúbia. Charpentier pertencia ao grupo parisiense *Les Cinq*, transformado em *Les Six* com a entrada de Plumet. Eles formavam um dos centros de reavivamento das artes e ofícios em Paris, sendo o outro a loja *L'Art Nouveau* de Bing, que foi um centro mais internacional. Entre os designers especialmente ligados a Bing, Eugène Gaillard, na fase final de seu trabalho (*fig. 77*), mostrou uma saída francesa para o impasse da Art Nouveau. Em 1906 já dizia que o mobiliário deve exprimir a função, deve estar em harmonia com o material, e que as curvas só deviam ser usadas em caráter decorativo. Sua mobília, de fato, é uma volta aos princípios e às formas

75. (*À esquerda*) Louis Majorelle modelava sua mobília em barro e a liberdade que conseguia é evidente nesta mesa (1902) de mogno, tamarindo e bronze dourado.
76. (*À direita*) Alexandre Charpentier foi ainda mais longe nesta estante de música retorcida, parte de um conjunto de 1901. Ambos os designs seriam mais adequados ao metal ou plástico do que à madeira.

do mais refinado mobiliário do século XVIII francês, embora ele nunca tenha recorrido à imitação.

Depois dessas peças francesas, a grande escrivaninha de Van de Velde (*fig. 78*), de 1896, é impressionante em seu radicalismo e nitidez. Não há ali o peso paquidérmico da sala de jantar de Vallin nem a simpatia velada de Gaillard pelo passado clássico. Van de Velde impressionou muito a Alemanha quando expôs pela primeira vez, em 1897. Na verdade, a Alemanha começou um pouco mais tarde que a Bélgica e a França, mas, num breve período, homens de personalidade marcante aderiram à Art Nouveau e produziram um trabalho relevante. Otto Eckmann, mais conhecido como tipógrafo e ilustrador de livros, desenhou, para o Grão-Duque de Hessen, por volta de 1898, uma mobília surpreendentemente estrutural (*fig. 79*), considerando-se o uso livre de formas naturais dos livros que ilustrou. A solução da aparente contradição deve ser Van de Velde. As cadeiras de Richard Riemerschmid (*fig.*

77. A mobília mais sóbria de Eugène Gaillard, como este canapé em pau-rosa de 1911, parafraseia o mobiliário clássico francês, numa linguagem Art Nouveau.

78. Escrivaninha de Henri van de Velde, 1896: limpa e funcional em termos gerais, apesar de suas opulentas curvas Art Nouveau.

79, 80. Cadeiras de braço de Otto Eckmann (1900, *à esquerda*) e de Richard Riemerschmid (1903, *à direita*).

86 ORIGENS DA ARQUITETURA MODERNA E DO DESIGN

80) são mais inglesas em sua inspiração, e ele estava, de fato, entre os que, ao se afastarem da Art Nouveau, o fizeram por razões sociais e estéticas. A maior originalidade em ornamentação, na Alemanha, foi o trabalho de August Endell, como veremos depois em outro contexto. O que se conhece de seu mobiliário tem uma qualidade plástica curiosa, bem diferente de tudo o que já foi examinado. As volutas nas extremidades dos braços da cadeira da ilustração (*fig. 83*) são particularmente convincentes, tanto estética quanto funcionalmente.

Só um outro designer de mobiliário trabalhou de forma semelhante, e ele não era nem alemão, nem francês, nem inglês, nem mesmo desenhava mobília habitualmente. As cadeiras de Antoni Gaudí (*figs. 81, 82*) para a Casa Calvet (1896-1904) têm as mesmas qualidades das de Endell, mas levadas ao extremo. Elas são Art Nouveau por evitarem a linha reta e qualquer relação com o passado, e também por serem extremamente pessoais. A utilização de elementos em forma de osso é totalmente Gaudí. Sua mobília (*fig.*

81, 82, 83, 84. Mobília com qualidades esculturais verdadeiras – contida, na cadeira de braço de Endell de 1899 (*fig. 83, à direita*), completamente livre nas cadeiras de Gaudí para a Casa Calvet (1896-1904, *embaixo, à esquerda*). Os bancos de Gaudí para Santa Coloma de Cervelló (*embaixo; veja também fig. 106*) parecem insetos com suas rudes pernas de ferro.

85. Pórtico da cripta de Santa Coloma de Cervelló, de Gaudí (1898-1914). Os materiais utilizados são pedra, tijolo, cimento, basalto (coluna da esquerda) e azulejos colocados lado a lado nas abóbadas. Os detalhes foram inventados no local e não na prancheta.

84) mais surpreendente é a da capela da Colônia Güell em Santa Coloma de Cervelló, onde trabalhou de 1898 a 1914. Este é um dos poucos casos de design tentando fazer o que a pintura fazia na mesma época, isto é, quebrando todas as convenções estabelecidas na arte. A brutalidade da estrutura de ferro dos bancos, especialmente dos pés e dos assentos, na verdade, vai além da Art Nouveau.

A arquitetura de Gaudí coloca ainda com maior urgência o problema da abrangência da Art Nouveau enquanto termo de significado analisável e útil. O que não se pode questionar é que Gaudí é antes de tudo ele mesmo. A grade de ferro da Casa Vicens (*fig. 51*) e o portal do Palácio Güell (*fig. 109*) já o demonstraram. Mas é patente, também, que sua visão e a da Art Nouveau coincidem em muitos aspectos.

Contudo, está envolvido aqui um problema maior. Mais de um estudioso afirmou que a arquitetura da Art Nouveau jamais existiu. Argumentou-se que a Art Nouveau foi apenas uma moda

86. Gaudí cobriu os bancos retorcidos que circundam o Parque Güell com cacos de azulejos brilhantes, criando uma paisagem inquieta e alegre.

87. No Ateliê Elvira (1896, destruído em 1944), August Endell foi obviamente influenciado pela escada de Horta (*fig. 88*); a escada parece flutuar como a haste de uma planta aquática circundada de gavinhas, com um toque inesperado nos ramos pontudos do suporte de luz.

88. Na escadaria do nº 6 da rua Paul-Émile Janson (1892-1893), em Bruxelas, Horta explorou tanto a força do ferro – na coluna de sustentação – como sua maleabilidade, nas linhas livres do corrimão e do "capitel", que são repetidas na pintura e no mosaico.

89. A fachada do Ateliê Elvira, em Munique, construído por August Endell. Os relevos grandes em estuque vermelho e turquesa, as formas das janelas e as barras retorcidas colocam a superfície plana em movimento.

decorativa, durando pouco mais de dez anos e, portanto, não merecendo a atenção que lhe foi dada recentemente. Essas afirmações não são sustentáveis. Valerá a pena examinar alguns exteriores e interiores de edifícios numa ordem sistemática, culminando em Gaudí. O melhor ponto de partida é o Ateliê Elvira, em Munique, infelizmente não preservado. Uma fachada plana (*fig. 89*) se torna Art Nouveau em primeiro lugar por causa de um enorme ornamento abstrato lembrando um crustáceo, mas não só por isso. A disposição assimétrica das janelas, a parte de cima das janelas e das portas parecendo cortinas levantadas, as barras esmaltadas – tudo tem sua função. Entrando na casa, havia um *hall* com escada (*fig. 87*) no qual todas as formas ondulavam, e não apenas as aplicações nas paredes. O corrimão da escada, o pilar do corrimão com as lâmpadas se projetando – tudo é arquitetônico, isto é, espaço interior tridimensional e articulado. O padrão foi evidentemente a famosa – e na época muito comentada – escada da casa

90. Horta, o principal arquiteto Art Nouveau da Bélgica, construiu o Hotel Solvay para um cliente rico entre 1895 e 1900. A fachada é um arranjo complexo de superfícies planas e curvas, com o ornamento parecendo surgir do material.

91, 92. No interior, a escada apresenta novamente o brilhante trabalho em ferro de Horta (até os pinos são parte do design) e os vitrais coloridos (*embaixo*) com o mesmo padrão.

93. A casa de Horta, na rua Américaine, em Bruxelas (1898-1899): suportes de ferro se enroscam como gavinhas nos balcões e as colunas se assemelham a plantas como na escadaria anterior (*fig. 88*).

de Horta na rua Paul-Émile Janson (*fig. 88*). E essa escada, com sua coluna estreita de ferro, é também genuinamente arquitetônica. Admite-se que, muitas vezes, os exteriores não acompanhavam as novidades dos interiores – como no caso do Ateliê Elvira –, mas, quando se vê a fachada da casa de Horta (1898-1899) (*fig. 93*), ou o antigo Hotel Solvay (1895-1900) (*fig. 90*), observa-se novamente a mesma delgadeza dos suportes de ferro, o mesmo jogo de decoração de ferro flexível em volta deles e o mesmo sentido de transparência que no interior.

O papel do ferro na Art Nouveau é suficientemente interessante para merecer um parágrafo. O ferro é um material decorativo e também estrutural. Viollet-le-Duc reconheceu isso e sugeriu sua utilização com ambas as funções nos mesmos edifícios (*fig. 52*). Ele foi a origem. Depois, e independente dele, o ferro (e mais tarde o aço) em exteriores, associado ao vidro, tornou-se o material tecnicamente mais adequado para uma fábrica, armazém ou escritório. A qualidade que o recomendava era o fato de se prestar para a feitura de grelhas rígidas em estruturas. Este era um argumento de natureza não estética em si mesmo, embora o século XX tenha descoberto as possibilidades estéticas da grelha. Mas deve-se reservar à Art Nouveau o mérito da descoberta das possibilidades estéticas do ferro com o vidro – ainda que essas qualidades não tenham nada a ver com as da grelha. A Art Nouveau adorava a leveza, a sutileza, a transparência e, naturalmente, a sinuosidade. O ferro significava peças finas e ductilidade; ferro e vidro utilizados em exteriores produziam a mesma transparência que era obtida em interiores só com o ferro. A Maison du Peuple de Horta (1896-1899) (*figs. 94, 95*) era a versão Art Nouveau do edifício comercial americano – ambos dependendo do ferro, mas de maneira exatamente oposta. Nos Estados Unidos, o aço controla a estrutura e, portanto, a aparência, embora as fachadas sejam de pedra

94. Auditório da *Maison du Peuple*, de Horta (projetada em 1896 para ser um enorme centro social): a estrutura de ferro fica totalmente exposta, mas é suavizada pelo gênio de Horta em trabalhos curvos de metal.

revestindo o aço; na Maison du Peuple a estrutura de ferro é visível, e o ferro fornece a música envolvendo a estrutura e bordando o tema eterno da Art Nouveau, a curva, que é também tema da fachada como um todo (*fig. 95*). O ritmo do ferro, do vidro, do aço e do tijolo é o inquieto, e o edifício não é apreendido como um todo. No grande *hall* interior (*fig. 94*), existe ferro por todo o lado, e no entanto o efeito não é utilitário, mais uma vez graças ao uso de curvas. O mais ousado edifício comercial daqueles anos foi a Loja Tietz (*fig. 96*), de Bernhard Sehring, em Berlim, 1898, que consiste em três largos vãos de pedra, à esquerda, à direita e no centro, com detalhes exuberantemente barrocos e não-Art Nouveau, e todo o resto em vidro com as mais finas molduras de ferro.

Na França o arquiteto com o senso mais agudo das potencialidades dos novos materiais foi Hector Guimard. Uma demonstração excelente de senso de atualidade foi o fato de o Metrô de Paris

95. Fachada da *Maison du Peuple* em Bruxelas, construída por Horta (1896-1899 e demolida em 1965-1966), com paredes curvas de ferro e vidro entre painéis de tijolo.

96. A Loja Tietz de Berlim, construída por Sehring em 1898, com enormes paredes de vidro com moldura de ferro; as partes de alvenaria são neobarrocas convencionais.

ter permitido que, para a proposta relativamente nova de uma linha metropolitana subterrânea, ele fizesse um projeto utilizando exclusivamente o novo material (*figs. 97, 98*). A proposta é o acesso ao transporte rápido com a leveza que convém. Mas os detalhes (*fig. 99*) são salientes e ossudos – mais semelhantes ao trabalho de Alfred Gilbert de dez anos antes do que a qualquer outro. Entretanto, a recusa a usar linhas retas e o senso de inventividade colocam-no definitivamente na Art Nouveau. A obra-prima de Guimard, o Castel Béranger (1897-1898), por outro lado, não é Art Nouveau em suas fachadas. A sua mistura de motivos é

97, 98. As entradas projetadas por Hector Guimard para o Metrô de Paris sao hoje em dia, provavelmente, os mais óbvios sobreviventes da época da Art Nouveau. Construídas entre 1899 e 1904, ainda são sinalizações muito eficientes.

99-100. O ornamento de Guimard é tão característico como o de Horta.

99. (*À esquerda*) Detalhe de uma entrada do Metrô, lâmpada em vidro âmbar colocada numa forma estranha, orgânica, parecendo um botão de flor, em ferro fundido pintado de verde.

100. (*À direita*) Painéis de terracota na entrada do Castelo de Béranger, bloco de apartamentos de Guimard em Paris (1897-1898); embora as formas, sem dúvida, ainda sejam "Belle Époque", não são baseadas na natureza.

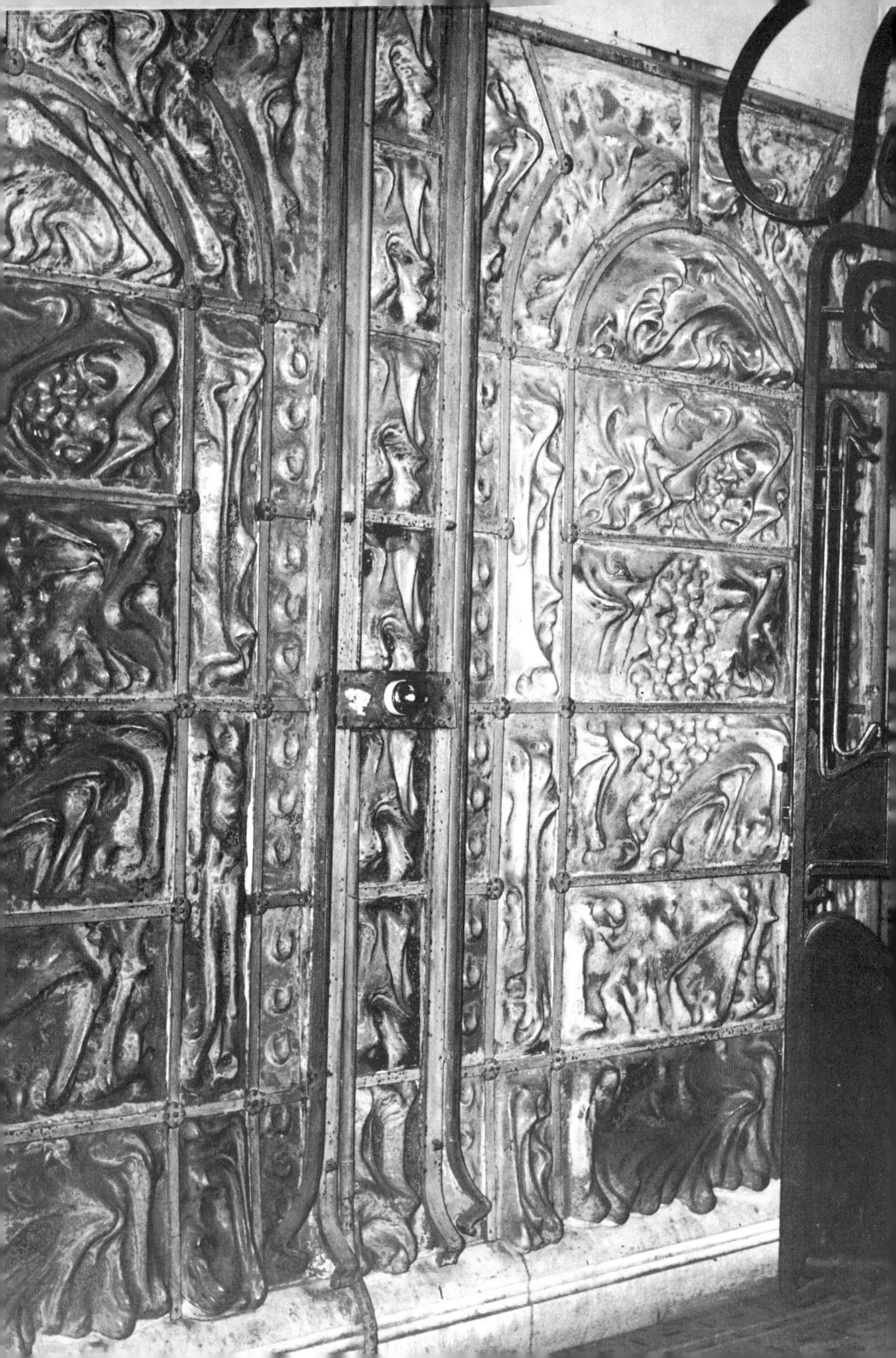

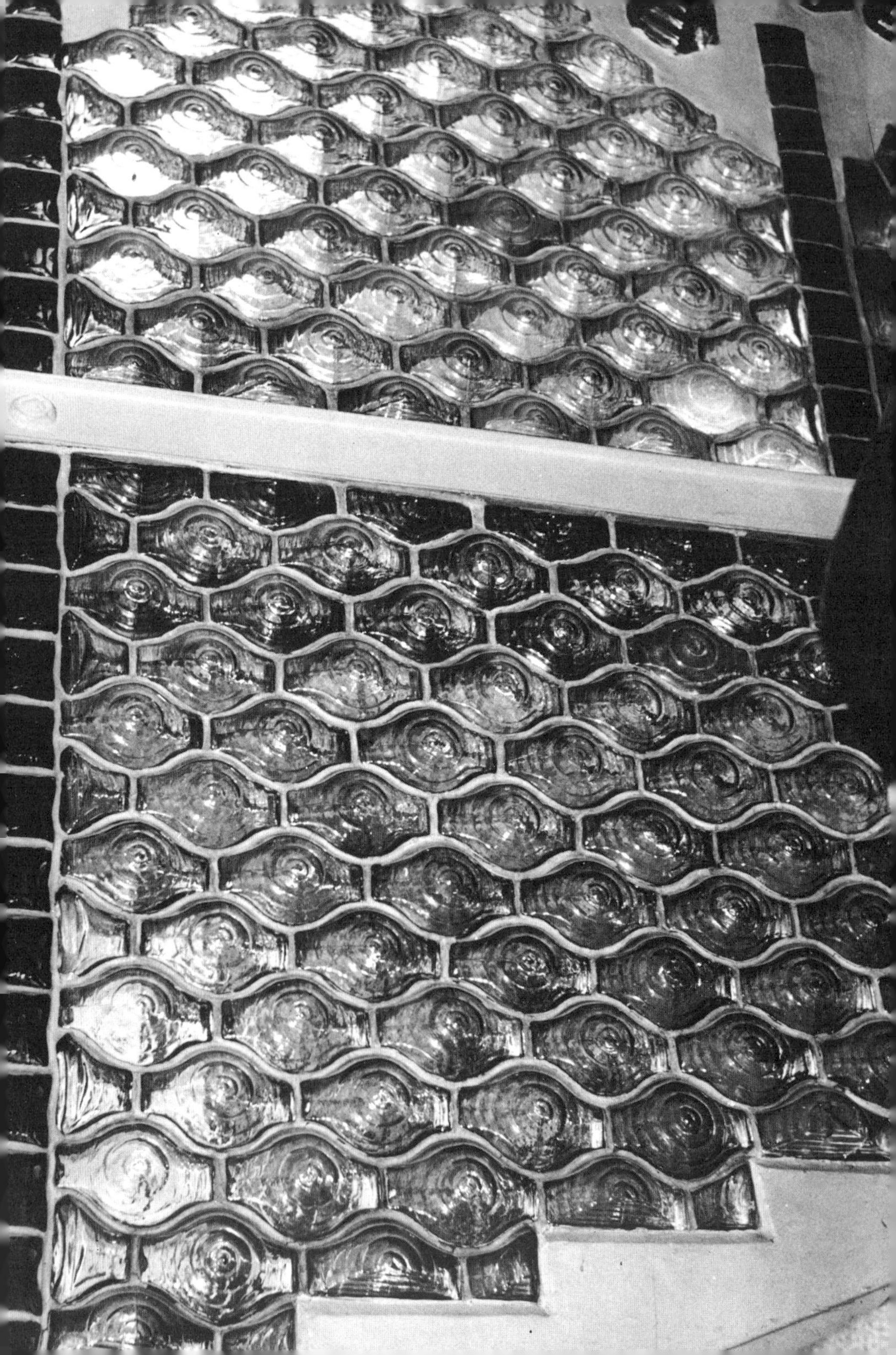

101, 102. Dois detalhes do Castel de Béranger, de Guimard: (à direita) uma forma de cavalo-marinho, pseudo-erodida, em ferro fundido; e (à esquerda) a parede de tijolo de vidro da escadaria, em moldura de ferro, antecipando em muito a Casa de Vidro de Bruno Taut (fig. 180), um motivo favorito dos anos 20 e 30.

original, até de uma maneira forçada. Mas muitos detalhes são angulares, estáticos, sólidos e convencionais. Por outro lado, o trabalho em ferro das portas principais e os painéis de terracota (fig. 100) na entrada são Art Nouveau e são, além disso, extremamente ousados em sua demonstração de pura abstração. Um detalhe incomum em ferro (fig. 102), no topo da casa, lembra outro arquiteto que se aventurou na pura abstração, Endell, em sua "*rocaille*" Elvira (fig. 89). De fato, mesmo algumas de suas conotações de dragão são semelhantes. Mas o mais espantoso, historicamente, é a parede da escadaria do fundo, com painéis de vidros curvos e pesados (fig. 101), de formas que se alteram e cuja irregularidade de superfície faz aquilo que, nos painéis de terracota, tinha que ser feito pela vontade do artesão.

O deleite de Guimard com os materiais, os efeitos inesperados obtidos com eles e mesmo algumas de suas formas são o caminho através do qual podemos chegar seguramente a Gaudí. Há poucos pontos de ligação além desses, e sua originalidade poderia não se ter tornado tão extremada se não tivesse trabalhado re-

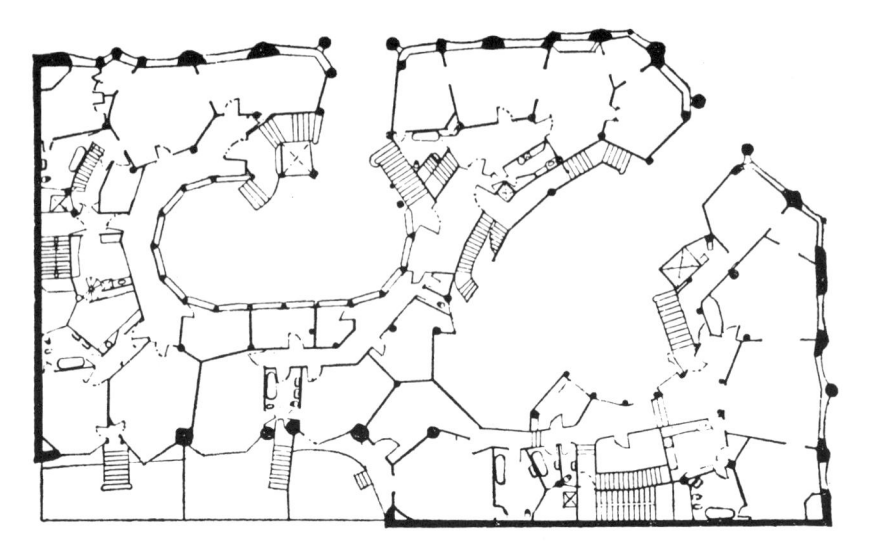

103. Planta do andar térreo da Casa Milà, de Gaudí, iniciada em 1905. Permaneceu flexível até o final, com paredes divisórias inseridas só depois que o prédio estava pronto.

lativamente isolado em Barcelona, e para uma clientela nacionalmente disposta à arquitetura fantástica. De fato, os extremos de Plateresque e Churrigueresque são quase menos espantosos que os de Gaudí. Ele deve tê-los conhecido, mas eles não devem tê-lo influenciado. Por outro lado deve ter-se impressionado com o estilo muçulmano do sul da Espanha, e também com o da construção popular do Marrocos. E deve ter visto também, pelos jornais, como a Art Nouveau triunfou na França, e alguns dos seus detalhes interiores na Casa Batlló e na Casa Milà são, de fato, inteiramente franceses, assim como o uso de árvores de concreto – naturalmente sem folhas – no Parque Güell é um conceito de Hennebique, o francês fanático por concreto. Ainda assim, sua originalidade transbordante permanece, mas – pelo menos na Casa Batlló e na Casa Milà (*figs. 103-105*), trabalhos tardios, começados em 1905 – é uma originalidade dentro da moldura do estilo Art Nouveau.

Afinal de contas, o que é que espanta quem se aproxima despreparado dessas fachadas do Paseo de Gracia? (*figs. 104, 105*) Uma fachada inteira num fluxo lento, vagaroso e quase ameaçador – como lava, dizem uns; como que escavadas pelo mar, dizem outros; como a face de uma pedreira desativada há muito tempo, dizem ainda outros. Eis a ondulação e a afinidade com a natureza

104. Detalhe da fachada da Casa Milà, de Gaudí, em pedra escura apicoada – deliberadamente ondulada, com balcões parecendo algas. ▷

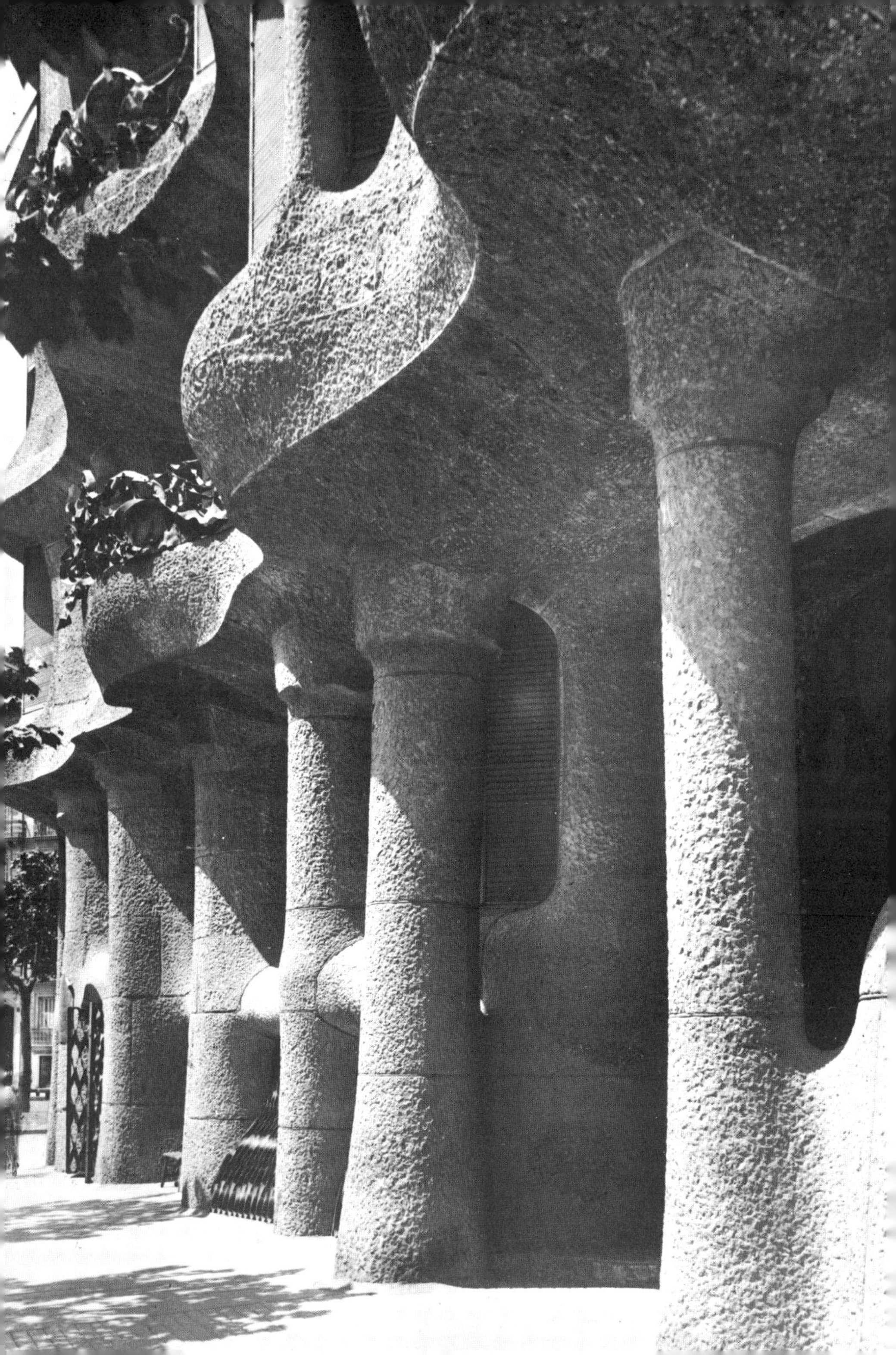

"estruturizada", como colocou Van de Velde. Eis também – e é preciso dizer – o menosprezo por vantagens funcionais que tanto desserviu à Art Nouveau em construções e mobiliários por toda parte. Balaustradas de balcões que espetam as pessoas, e paredes curvas onde não se pode encostar direito nenhum móvel, são apenas dois exemplos. O que eleva esses dois trabalhos de Gaudí acima dos outros arquitetos do mesmo período é sua força inesgotável, seu senso de massas em movimento e sua originalidade. A planta da Casa Milà (*fig. 103*), à qual já se fez referência, é a prova derradeira de que os princípios Art Nouveau podiam ser aplicados tanto ao espaço como à linha e ao volume.

Situar Gaudí dentro da Art Nouveau européia é relativamente fácil, se nos limitarmos ao seu trabalho posterior a 1903. Mas três anos antes ele iniciou o Parque Güell e cinco anos antes a Capela de Santa Coloma de Cervelló, numa propriedade industrial também pertencente ao seu patrono, Eusebio Güell. Na capela não há linhas onduladas; tudo é agudo, anguloso e agressivo (*fig. 106*). Mas tudo também está em seu idioma próprio, tão inesperado quanto nas casas do Paseo de Gracia. Se procurarmos fazer comparações, devemos nos lembrar mais do expressionismo alemão dos anos 20 – nos sonhos fantásticos do Doutor Caligari – do que da Art Nouveau. Na medida em que a Art Nouveau se coloca como oposição ao passado e oposição à ordem de ângulos retos, é claro que Santa Coloma aí se inclui. Na medida em que a Art Nouveau se coloca como uma demonstração desafiadora de individualismo, também. E talvez isto baste. O pequeno edifício, abandonado antes de ser concluído, com a sua interpenetração de espaços exteriores e interiores, é mais ousado que qualquer coisa que Frank Lloyd Wright tenha feito ou tenha vindo a fazer na busca de confluência espacial. As paredes são um ziguezague aparentemente arbitrário, embora tenha sido preservado um eixo da entrada até o altar. Mas o acesso é totalmente assimétrico, e mesmo os pilares redondos no interior não correspondem de um lado e de outro. Além do mais, os suportes são colocados em ân-

---

105. Na Casa Batlló (1905-1907), Gaudí revestiu um prédio mais velho com azule- ▷ jos coloridos, acrescentando a entrada ondulada de pedra e as sacadas com balcões de ferro pontudos, terminando com um telhado íngreme de telhas que vão do laranja ao azul-verde.

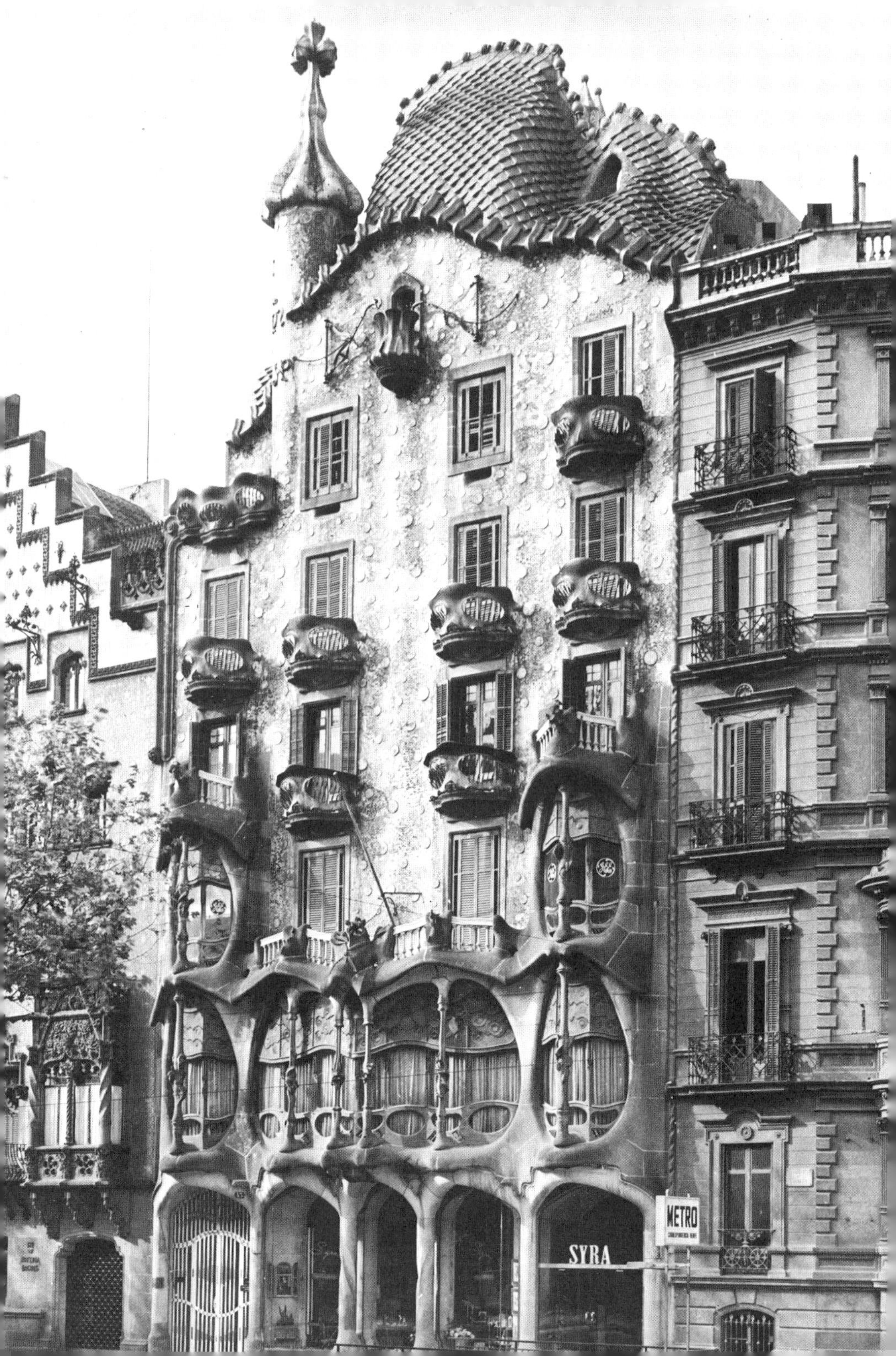
METRO
SYRA

gulos oblíquos, construídos aqui de tijolos, ali de pedras; são moldados rudemente ou totalmente disformes, e contêm detalhes que parecem não ter sido planejados de antemão, mas decididos no local, no decorrer do trabalho (*figs. 85, 106*).

Isso também vale para as estruturas muito parecidas que estão no Parque Güell. Lá estão também os suportes retorcidos colocados em diagonal, colunas dóricas quase normais mas inclinadas, abóbadas com estalactites, bem distantes das árvores mortas de concreto e também do encosto encantador do longo banco que contorna o espaço aberto no alto, onde as babás sentam e as crianças brincam. Esse encosto contorcido e curvado (*fig. 86*), como uma cobra ou algum monstro antediluviano, mesmo assim é alegre, em virtude de suas cores deliciosas, brilhantes e vivas, de número variado e em combinações aleatórias. O banco é ornado com faiança e azulejos, da mesma forma como os telhados das casas e os pináculos (*fig. 108*) da sua grande igreja, a da Sagrada Família, onde xícaras e pires quebrados, azulejos e cerâmicas quebradas e cacos de toda espécie foram utilizados. Mais uma vez, Gaudí está mais próximo de Picasso do que dos outros militantes da Art Nouveau.

A Sagrada Família (*figs. 107, 108*) se estende por toda a vida de Gaudí. Ele dedicou cada vez mais sua capacidade a ela e, no fim, com exclusividade. Pois Gaudí, sem dúvida, era católico. A religião era o centro de sua vida, e o esteticismo de diversas experiências Art Nouveau está inteiramente ausente no seu trabalho. Em 1884, ficou encarregado de uma construção neogótica que tinha sido iniciada. Continuou o trabalho naquele estilo e, aos poucos, tornou-a mais livre e mais ousada. Observando-se a grande fachada do transepto sul, pode-se ver o processo de liberação. Embaixo, ainda três portais elevados, conforme o padrão das catedrais góticas francesas, e só a incrustação decorativa é que foi transformada em folhas pedregosas e naturalísticas. As torres são precedentes, mas só foram começadas em 1903. Quanto aos pináculos (*fig. 108*), mais uma vez, parece incrível terem sido trabalho de artesãos a partir de desenhos de um arquiteto.

Gaudí não era um arquiteto no sentido em que a profissão foi estabelecida no século XIX e continuaria a ser encarada no século XX. Não era um profissional trabalhando em escritório. Ainda

106. Na cripta de Santa Coloma de Cervelló, iniciada em 1898, fica óbvio o gosto de Gaudí pela variedade de planos, texturas e materiais; seu instinto de engenheiro levou-o a utilizar ângulos de paredes e de suportes estruturalmente eficientes. Também desenhou os bancos (*veja fig. 84*).

era, essencialmente, o artesão medieval cuja decisão final só podia ser tomada ao assistir à execução do que ele talvez tivesse esboçado, mas nunca finalizado, no papel. Nele, realizou-se um ideal de William Morris. O que ele construiu foi "pelo povo e para o povo", e sem dúvida "uma alegria para quem faz", isto é, também para o pedreiro.

107, 108. O transepto frontal da Sagrada Família de Gaudí, iniciado em 1887, em ▷ uma paráfrase livre do estilo gótico, terminou, nos anos 20, nos fantásticos pináculos cubistas.

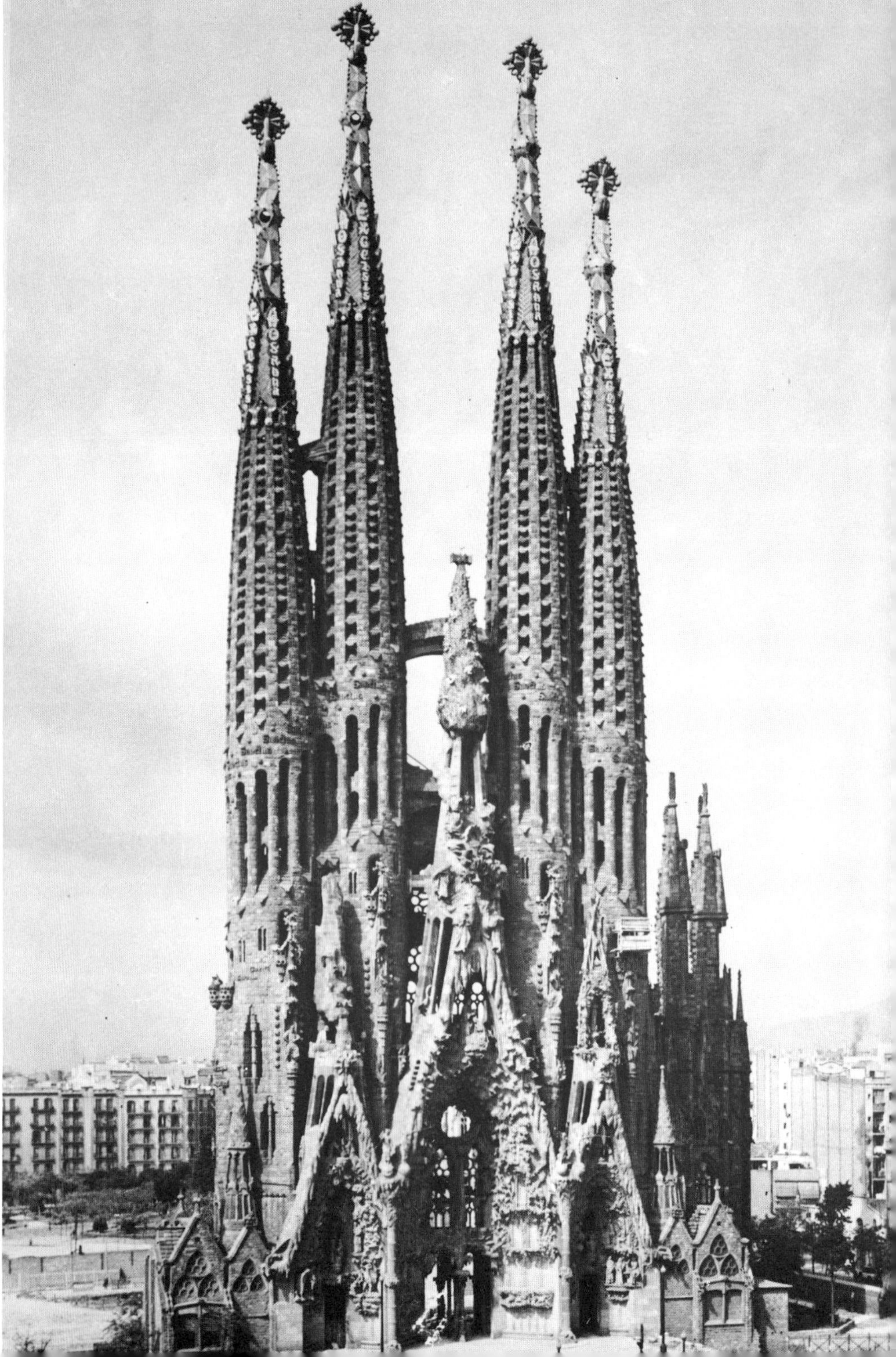

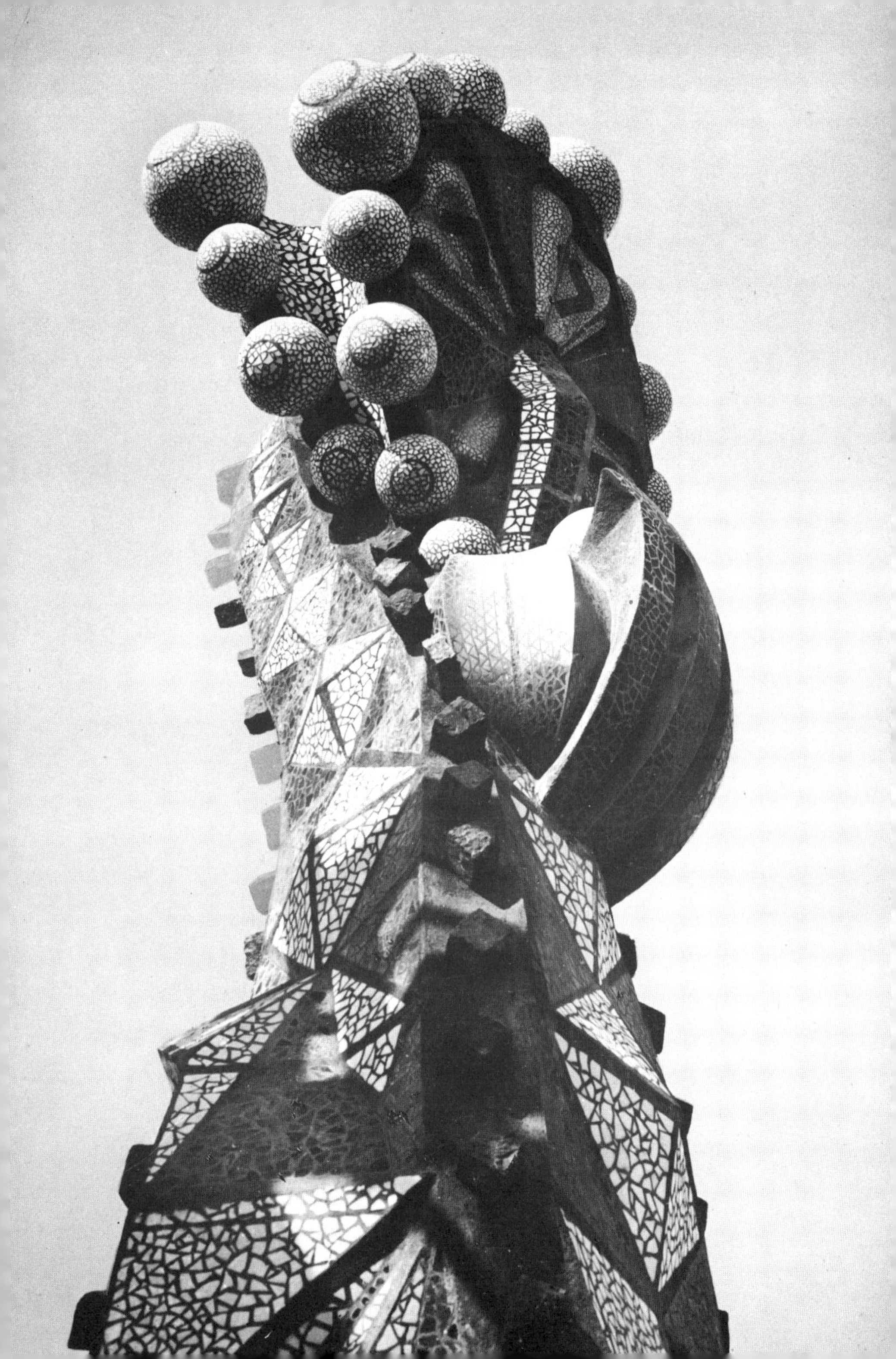

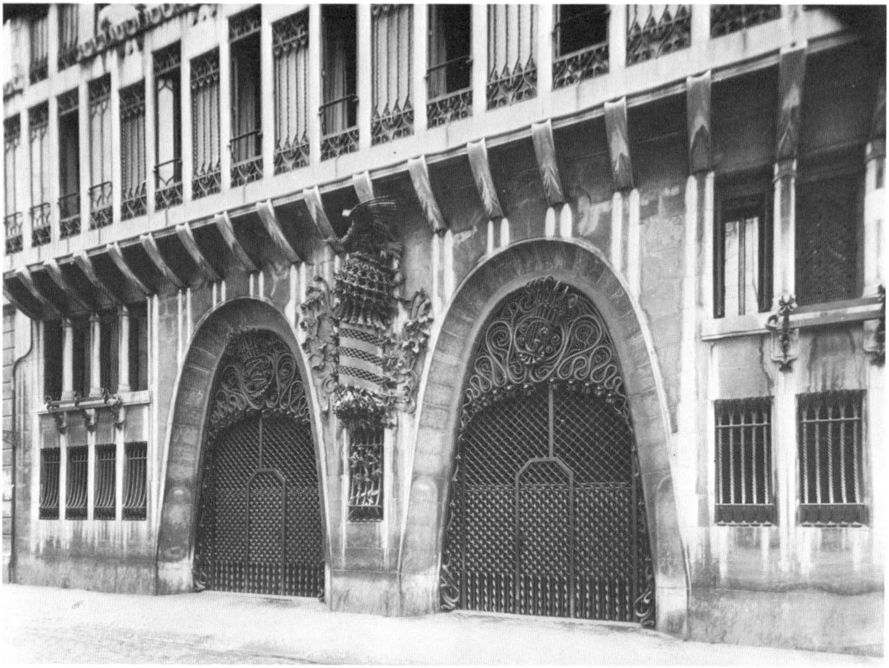

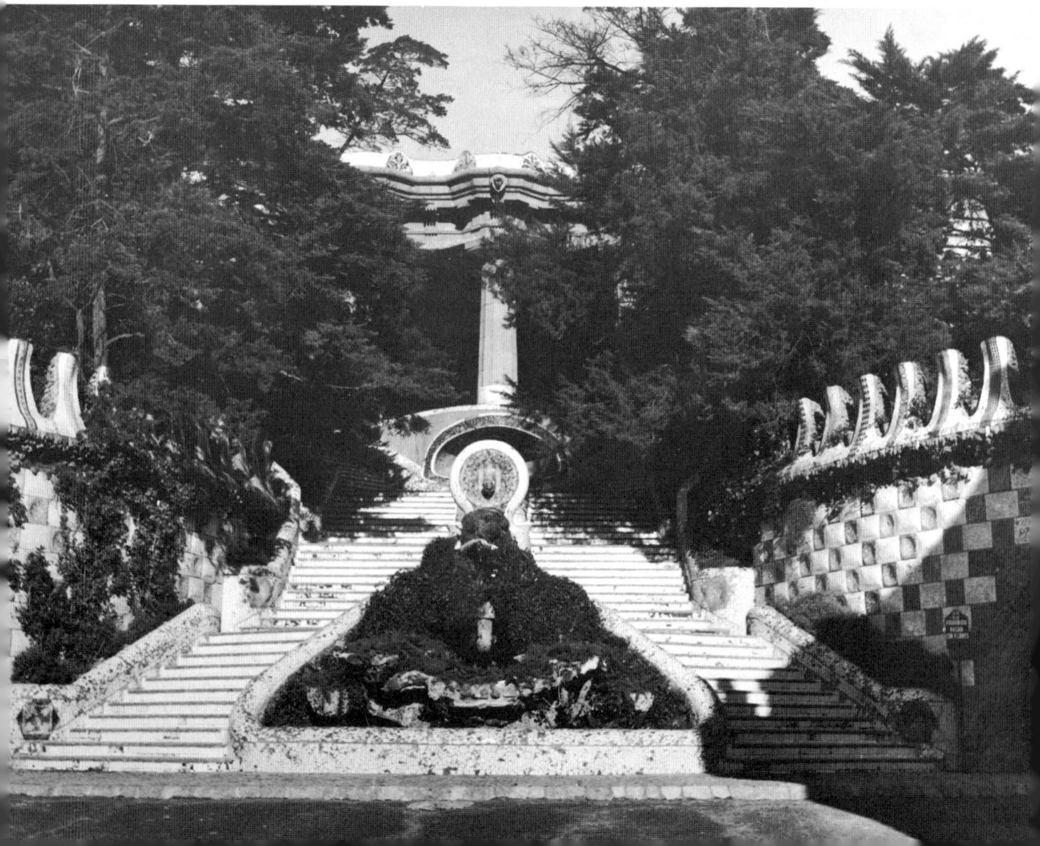

É importante dizer isso, pois, recentemente, Gaudí foi aclamado como pioneiro da estrutura do século XX, um precursor de Nervi. Mas enquanto no campo das formas novas e dos novos materiais ele realmente apontava para o futuro, o uso que fez de modelos complicados para experimentar cargas e tensões não é certamente o do engenheiro-arquiteto de nossos dias. Pelo contrário, é ainda o do artesão individualista, do marginal, do inventor isolado e auto-suficiente.

Ainda nesse individualismo extremado, Gaudí foi parte da Art Nouveau, pois a Art Nouveau era acima de tudo, e antes de mais nada, a explosão do individualismo. Seu sucesso dependia inteiramente da força pessoal e da sensibilidade de um designer ou artesão. O que dela podia ser transmitido é o que a arruinou tão rapidamente. O estilo de Schinkel, o estilo de Semper, o estilo de Pearson, o estilo da École de Beaux-Arts podiam ser ensinados e usados impunemente por qualquer um. Van de Velde e Tiffany comercializados são um desastre. Um Gaudí comercializado é quase impossível. Esse individualismo vincula a Art Nouveau ao século em cujo final ela está em vigor. Assim, também, a insistência no artesanato e a aversão à indústria. Também seu gosto pelo material precioso ou, pelo menos, que produz efeito.

Mas a Art Nouveau salta a linha divisória entre os dois séculos, e sua significação histórica repousa nas inovações que se voltam para o futuro. Elas são, como já foi dito nestas páginas mais de uma vez, a recusa a continuar com o historicismo do século XIX, a coragem de acreditar na própria inventividade, a preocupação com objetos de uso em vez de pinturas e estátuas.

◁ 109. Palácio Güell, de Gaudí (1844-1849), dois arcos com trabalho maciço em ferro, dentro da tradição catalã. Gaudí utilizou arcos parabólicos – a forma do futuro – tanto decorativa como estruturalmente.

110. Entrada do Parque Güell, iniciado em 1900. As escadas, ladeadas de pavilhões, cercavam uma fonte em forma de serpente; levavam ao Mercado com suas colunas dóricas.

111. Na Inglaterra um estilo de puras linhas retas rivalizava com as curvas sensuais da Art Nouveau continental, e veio, de fato, a tomar o seu lugar. Esta escrivaninha de Mackmurdo data de 1886.

CAPÍTULO TRÊS
Novo ímpeto da Inglaterra

É no interesse por utensílios que a Art Nouveau foi inspirada mais decisivamente pela Inglaterra. Por toda a parte prestou-se atenção à mensagem de Morris. Por outro lado, as relações entre o desenvolvimento inglês e o continental dos anos 90 foram mais complexas. Elas merecem um exame mais acurado. Deve-se recordar que, na década de 1880, a arte do design de Morris atingiu sua maturidade mais rica e equilibrada. Alcançara uma síntese entre a natureza e a estilização, que nunca foi superada. Ao mesmo tempo, na arquitetura, Webb e Shaw tinham derrotado, pelo menos no campo da construção doméstica, a pomposidade vitoriana, reintroduzindo uma dimensão humana e detalhes delicados ou, pelo menos, de efeito. Ainda antes de 1890, Morris, bem como Shaw e Webb, já tinham seus sucessores. A Arts and Crafts Exhibition Society já existia, e os jornais de arquitetura progressista começavam a mostrar os designs de Voysey, de Ernest Newton, de Ricardo e outros. Enquanto isso, no entanto, o movimento Artes e Ofícios também se beneficiara dos jovens que queriam ir além do tradicionalismo esclarecido de Morris e Shaw. Mackmurdo, como vimos, foi seu líder; com sua página de rosto do livro sobre Wren (*fig. 27*), em 1883, ele começou a Art Nouveau. O eleito do jornal da *Century Guild*, o *Hobby Horse*, (*fig. 30*) tinha sido enorme, e a arte gráfica inglesa daí por diante, até Beardsley, deve-se a ele. Mas, enquanto a Art Nouveau continental de 1890 em diante confirmava francamente essa dívida e desenvolvia suas versões nacionais além do precedente inglês, a própria Inglaterra se desviou e seguiu Morris e Shaw em vez da Art Nouveau.

116 ORIGENS DA ARQUITETURA MODERNA E DO DESIGN

De fato, o próprio Mackmurdo – e talvez seja o aspecto mais surpreendente da sua posição –, quando começou a desenhar prédios e mobílias, não aplicou a sinuosidade de sua arte gráfica e têxtil. A cadeira anterior (*fig. 112*), que alguns afirmavam – sem

112. Nesta cadeira, desenhada no princípio da década de 1880, Mackmurdo utilizou um formato tradicional, com as formas vegetais retorcidas de sua famosa página de rosto (*fig. 27*).

113. Por volta de 1886, Mackmurdo passou para a angulosidade também revolucionária do *stand* de exposição da Century Guild: suas finas colunas verticais com topos em forma de "barretes" em breve chegariam – via Voysey e Mackintosh – até a Áustria e a Suécia.

prova suficiente – ter tido desenhada em 1881[53], tem, além do ornamento diretamente ligado com a página de rosto de Wren (*fig. 27*), pelo menos o encosto curvo, mas a escrivaninha de 1886 (*fig. 111*) e o *stand* de exposição em Liverpool (*fig. 113*), do mesmo ano, são inteiramente racionais e retangulares. É verdade que são, a seu modo, inteiramente originais, como a pré-Art Nouveau anos antes, mas sua originalidade está nas colunas quadradas e finas e nos curiosos chapéus salientes ou elementos de cornijas que cada uma delas sustenta.

Esse motivo influenciou particularmente Voysey e Mackintosh em seus primeiros trabalhos, e Voysey também foi fortemente influenciado por Mackmurdo em suas primeiras estamparias. Charles F. Annesley Voysey deve ser considerado como a figura central da arquitetura e do design ingleses durante as duas décadas em

114. Estúdio de Voysey em West Kensington, Londres (1891), um exercício de design racional desprovido de ornamento. Note-se o reboco granulado, o largo beiral e os suportes inclinados – todas marcas registradas de Voysey.

115, 116. Voysey se especializou em casas de campo; Broadleys, no lago Windermere (*à direita*), de 1898, é notável por seus vãos lisos de janelas com ombreiras sem molduras. A entrada da Vodin House, em Pyrford Common, Surrey, de 1902 (*embaixo, à direita*) leva esta simplicidade ainda mais longe.

torno de 1900. Seu estilo de arquitetura doméstica estava concluído em 1890. Em 1891 ele construiu um pequeno estúdio em West Kensington (*fig. 114*), Londres, e ali já estão presentes o caráter simples, confortável e amplo, as faixas de janelas sem molduras e de paredes nuas, as chaminés grandes e afuniladas. Nem há mais detalhes de época como havia em Shaw e Webb, mas permanece um forte sabor da época, um sabor de *cottage* ou solar no estilo Tudor ou Stuart. A casa é tão original quanto o design de Morris, mas dificilmente mais original. No fim do século XIX e pouco depois de 1900, Voysey foi muito bem-sucedido como designer de casas particulares de tamanho médio (*figs. 115, 116*), e tinha boas

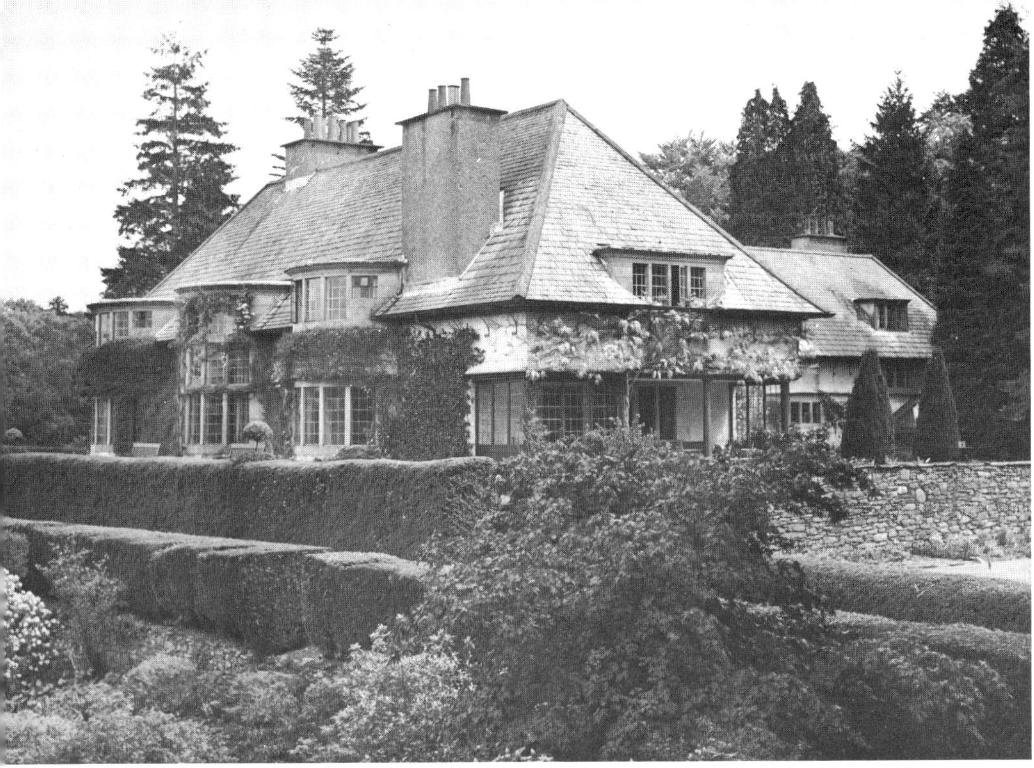

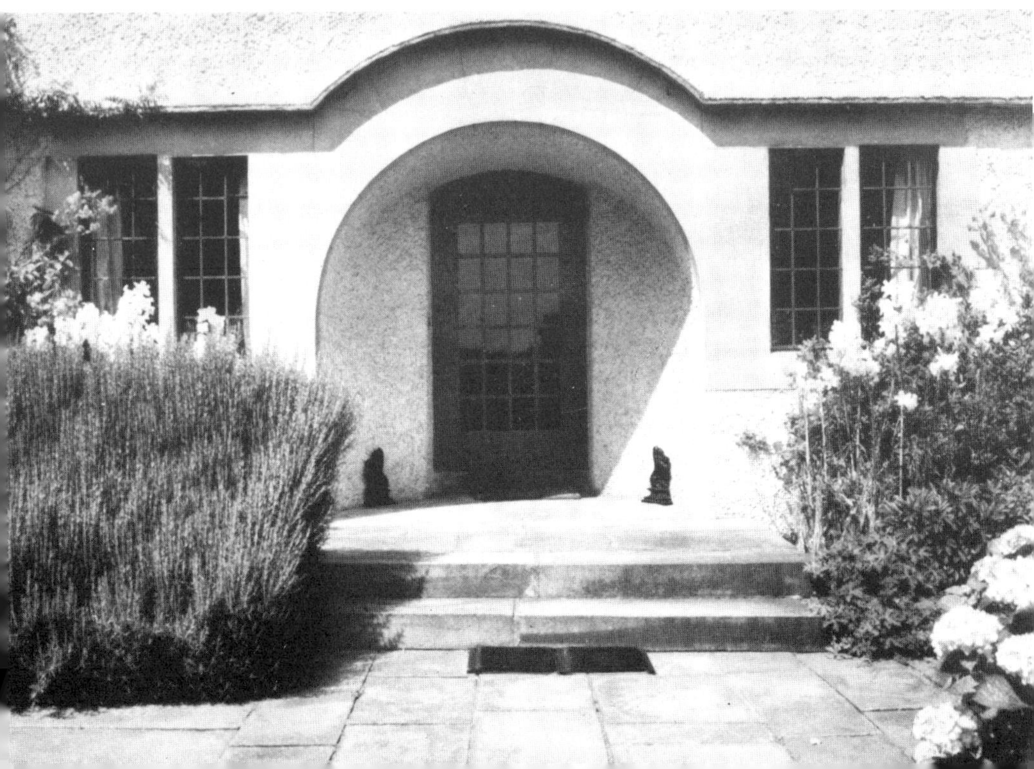

razões para isso; suas plantas eram fáceis e, ao mesmo tempo, suas casas se adaptavam ao ambiente, e sua geometria simples era leve; elas eram eminentemente racionais, não-radicais e não-opressivas.

Outros na Inglaterra, na mesma época, eram mais ousados, e, entre eles, ninguém mais do que E. S. Prior, W. R. Lethaby e Edwin Lutyens, este muito jovem. Prior, mais considerado como professor do que como arquiteto, construiu entre 1895 e 1905 diversas casas que aliam a simpatia de Voysey pelos séculos XVI e XVII à utilização fanática de materiais locais misturados (*fig. 117*). Ocasionalmente, os pedaços de tijolos e os pedregulhos usados ao

117. Home Place, Norfolk, por E. S. Prior (1904-1906). Prior tentou reavivar estilos locais e materiais locais preferindo ser conhecido como "construtor" em vez de arquiteto; mas em Home Place a mistura exótica de pedra, azulejo e tijolo afasta-o de qualquer autêntico inglês – levando-o quase ao âmbito de Gaudí.

118. O trabalho inicial de Edwin Lutyens tem tanta graça quanto o de Norman Shaw, e uma prodigiosa inventividade arquitetônica. Tigbourne Court, em Surrey (1897) é o melhor de Lutyens. Note-se a densidade dramática do conjunto, a relação entre as três empresas e as chaminés muito altas e os detalhes do trabalho em pedra, rústico com linhas suaves.

natural quase fazem lembrar Gaudí. Lutyens era um homem talentoso que mais tarde se afastou de manifestações progressistas, e adotou o estilo grandioso que Shaw começou em seus prédios de 1890. Esse neobarroco ou neoclássico não nos interessa aqui. Reinou na arquitetura oficial praticamente em toda a parte. Edifícios públicos como a prefeitura de Copenhague (*fig. 120*), de Nyrop, iniciada em 1893, a Bolsa de Amsterdam (*fig. 119*), de Berlage (1898), são exceções quanto à utilização livre de materiais tradicionais, e, pelo menos, Nyrop situou-se em bases mais seguras que o próprio Voysey. Quanto ao talento de Lutyens e sua tendência

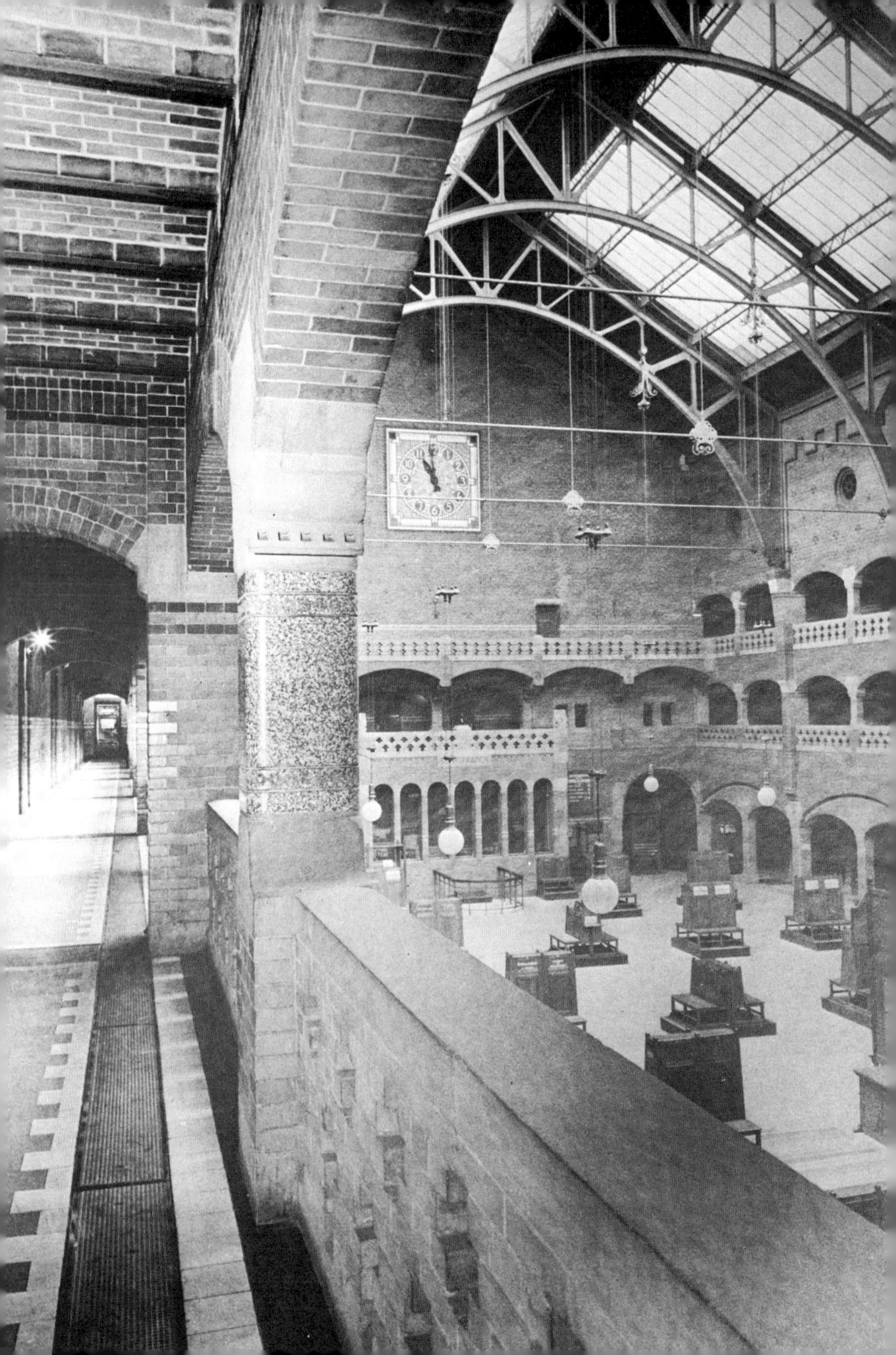

120. Prefeitura de Copenhague por Martin Nyrop, 1892-1905. A fachada e o espaçoso pátio envidraçado ainda têm muitos motivos dos séculos XVI e XVII holandês, mas manejados tão livremente como Voysey manejava com os motivos de Tudor.

◁ 119. Interior da Amsterdam Stock Exchange (1898-1903). Berlage utilizou tijolo vermelho tradicional com ornatos de pedra num estilo deliberadamente maciço e anguloso; o enorme teto de ferro é exposto e não tem ornamento.

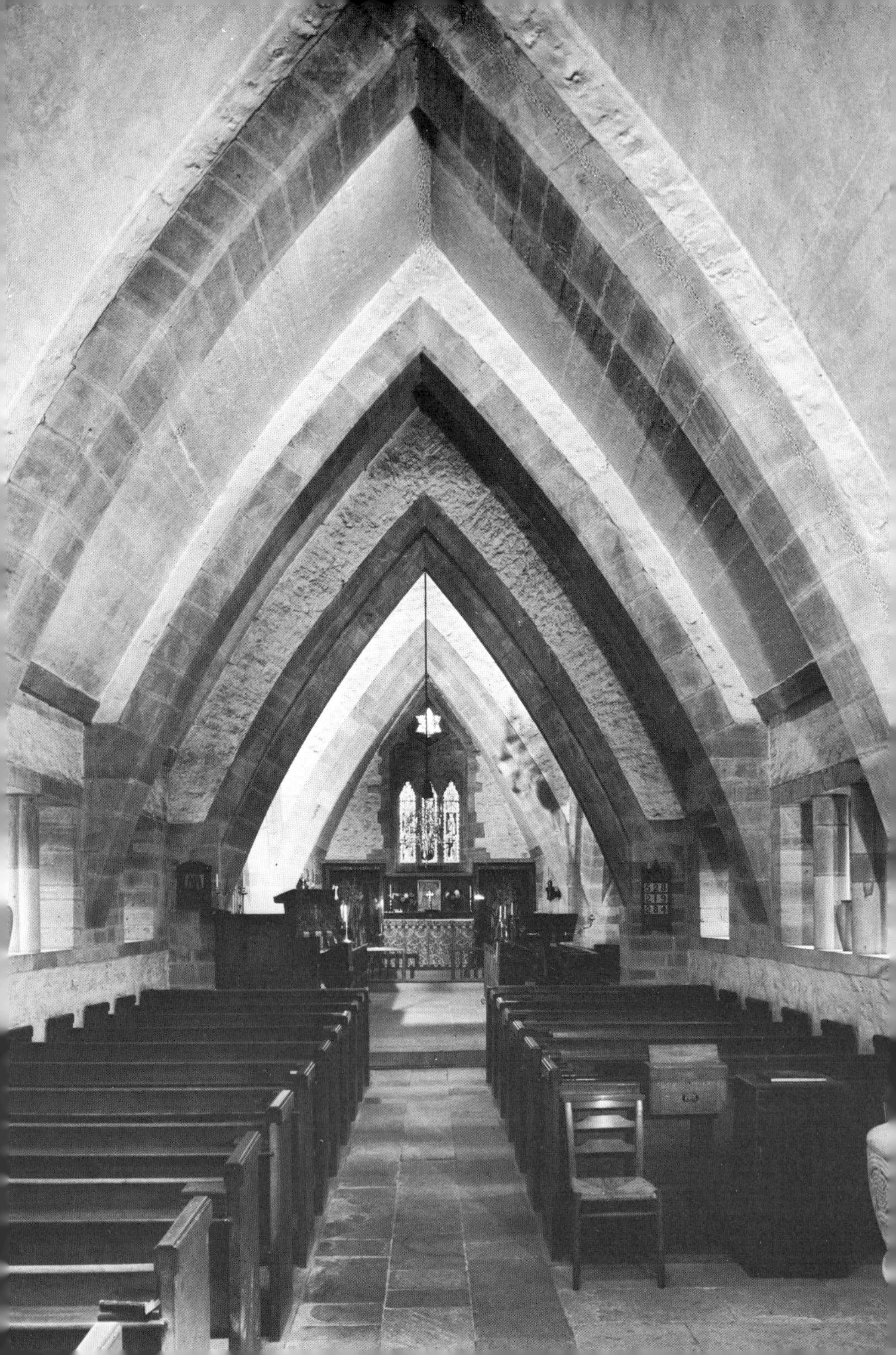

para o dramático, o exemplo mais belo é a Tigbourne Court (*fig. 118*), de 1897.

Também dramática, mas sem a jovialidade de Lutyens, é a igreja projetada por W. R. Lethaby em Brockhampton (*fig. 121*), datada de 1900-1902. Lethaby, o pensador mais construtivo na arquitetura e no design ingleses, depois de Morris, desistiu da prática depois de Brockhampton para ensinar na London Central School of Arts and Crafts, que era a escola mais progressista de todas as daquele tempo. Lethaby, em seus escritos, recomendava a passagem do design artesanal para o industrial, um passo que Voysey (*fig. 122*) e outros já tinham dado enquanto designers praticantes. Mas, na Inglaterra, só Lethaby viu que o que estava envolvido era mais do que uma questão de técnicas de produção. Um estilo de desenho industrial foi visualizado por Lethaby, mas, na prática, foi desenvolvido em outros países. No que diz respei-

◁ 121. Interior de All Saints, em Brockhampton-by-Ross, Herefordshire, de W. R. Lethaby (1900-1902). A abóbada em túnel, de forma mais expressionista do que gótica, é de concreto. Com a ambivalência característica do Artes e Ofícios, é recoberta de colmo no exterior.

122. Relógio desenhado por C. F. A. Voysey por volta de 1906, de ébano com incrustação de marfim. A parte de cima é forrada de seda amarela e encimada por uma bola de metal como as da base.

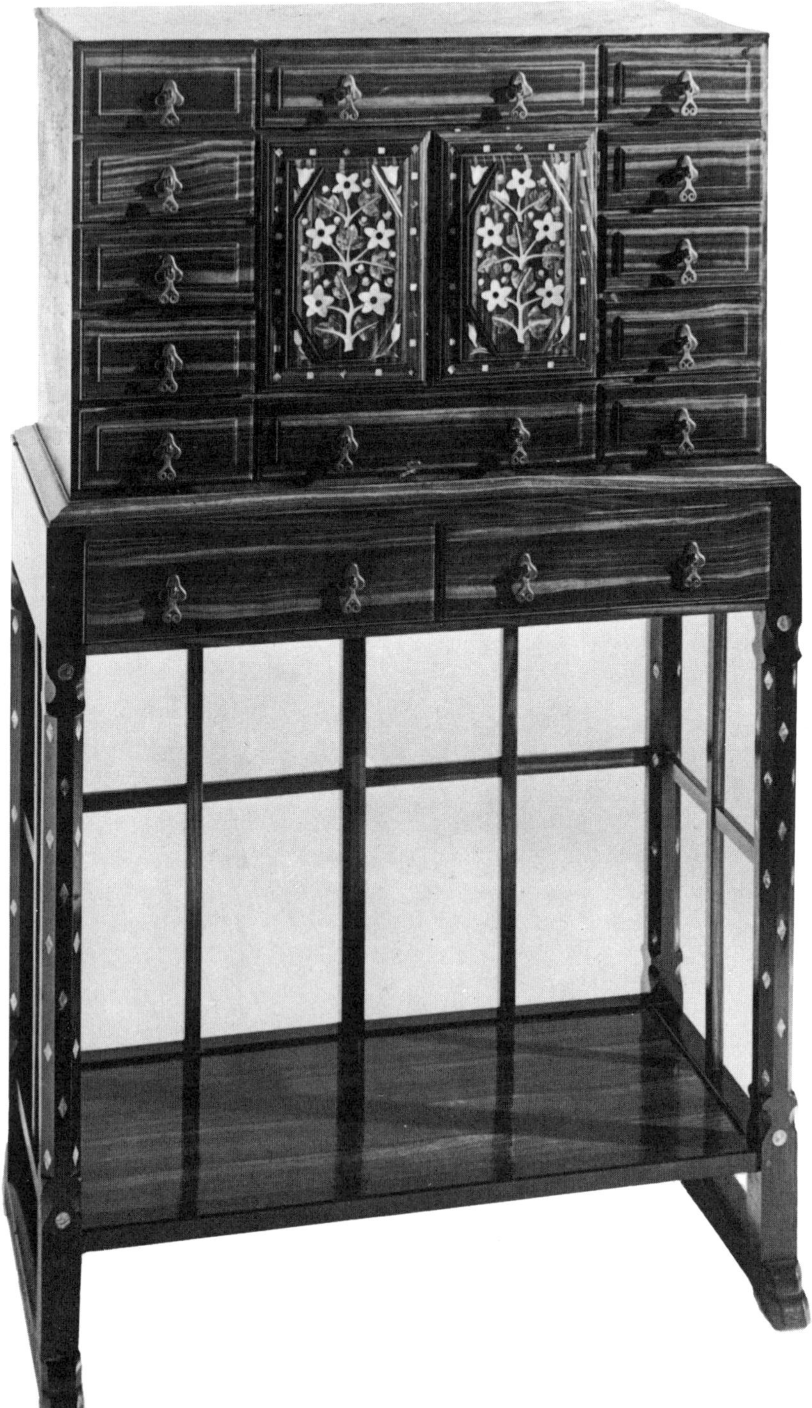

123, 124, 125. A simplicidade elegante das linhas caracterizou os melhores produtos ingleses. Voysey desenhou objetos de prata tão simples como suas casas – acima, à direita, um bule de chá (c. 1896). Ashbee ficou famoso também no Continente por peças como esta travessa de prata (1899-1900, *acima, à esquerda*) com tampa de esmalte vermelho; o pegador com pedra e os pés em bola são característicos. Ernest Gimson projetou mobiliário lindamente marchetado: seu armário de 1908 (*ao lado*), como os pés esféricos da travessa de Ashbee, deriva, em última análise, do século XVII.

to ao estilo, pouco importava se o que Voysey desenhava era, no fim das contas, feito por um artesão ou por um fabricante. O estilo é moderado, sensível, sempre gracioso, seja no mobiliário, seja na estamparia ou em metal (*fig. 124*).

O mesmo se aplica a outros arquitetos, designers e artesãos. Uma cadeira como a que foi feita por Baillie Scott para o Grão-Duque de Hesse, em 1898, é um bom exemplo, também quanto ao desenho do espaldar em que abandonava a forma Art Nouveau de Mackmurdo, mantendo o sentido do bonito padrão plano. Outro exemplo são os armários requintados desenhados por Ernest Gimson. Eles não são também uma novidade comprovada, mas não são imitação, e sim um triunfo do ressurgimento da atividade artesanal. Contudo, o armário da ilustração (*fig. 123*) data de 1908, e nessa época, no continente europeu, já havia perdido qualquer atualidade. Gimson formou-se como arquiteto e desenhou algumas casas antes de se voltar inteiramente para o artesanato. A combinação é característica da Inglaterra daquele momento. No continente, em termos de Art Nouveau, eram os pintores que seguiam Morris. Na Inglaterra, a mensagem podia ser ouvida por arquitetos, porque já na época de Webb e Shaw a aliança com o movimento de Morris tinha sido estabelecida. Um dos casos mais interessantes é o de C. R. Ashbee, que desenhou casas de considerável originalidade, embora obviamente inspiradas em Shaw, e fundou a Guild and School of Handicraft, tendo aprendido a lição de Morris. A escola funcionava primeiramente no East End de Londres, depois em Chipping Campden, na região de Cotswolds, pois Ashbee era intensamente interessado também na reforma social. Vale a pena comparar o trabalho de seus artesãos, por volta de 1900, com o trabalho na Europa continental, na Exposição de Paris. O que aparece é que no mobiliário e no trabalho em metal (*fig. 124*), Ashbee está inteiramente do lado de Voysey, mas em joalheria (*fig. 126*) aproxima-se notavelmente da Art Nouveau – um compromisso tipicamente inglês.

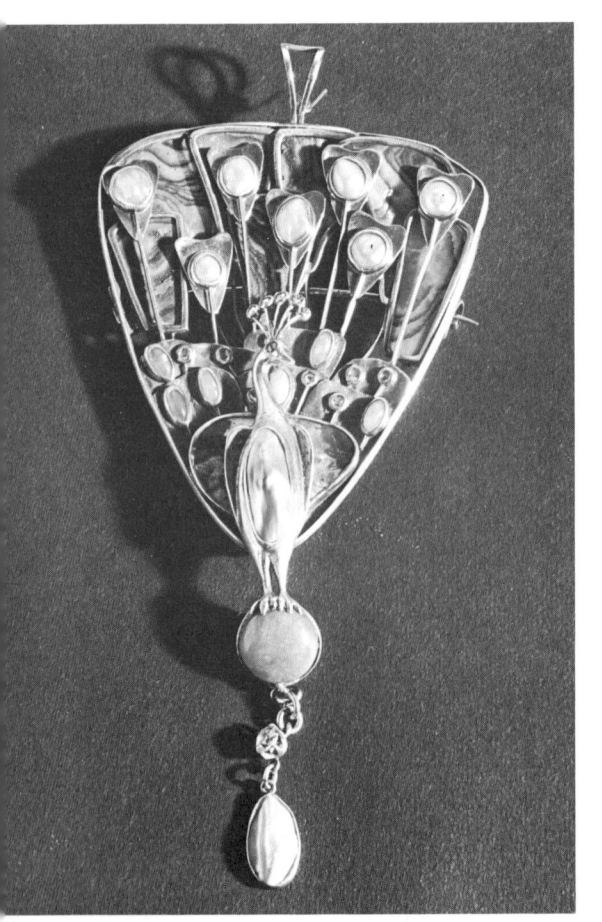

126. Pingente de C. R. Ashbee (*c.* 1900), de ouro e prata, esmaltado e incrustado com pedras semipreciosas. Sua representação de um pavão, em cima de um pingente caracteristicamente Art Nouveau, pode ser comparada com o trabalho de Lalique (*fig. 66*).

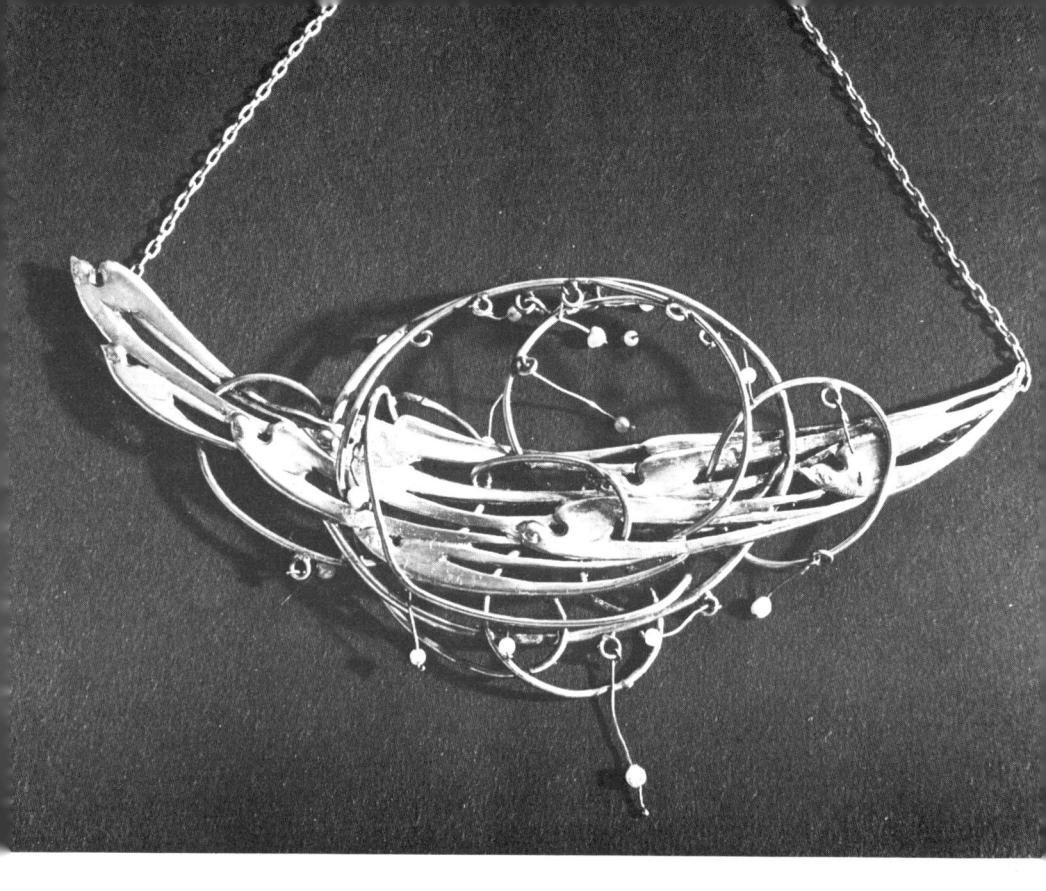

127. Pingente de prata desenhado por Charles Rennie Mackintosh e feito por sua esposa Margaret Macdonald, em 1902. Representa um vôo de pássaros através de nuvens tempestuosas, com pingos de chuva de pérolas em fios finos de prata.

    Mas não havia compromisso do outro lado da fronteira, na Escócia, onde, de repente, no começo dos anos 90, surgiu um grupo de arquitetos-designers, transformando o que conheciam de Voysey e outros ingleses e do trabalho na Europa continental (pois *The Studio* mantinha os leitores atualizados) numa linguagem inteiramente própria, tão original e radical quanto a Art Nouveau, mas nunca tão retorcida. Ou, pelo menos, não quando atingiram a maturidade. O líder do grupo era Charles Rennie Mackintosh (*fig. 127*), onze anos mais moço que Voysey, dezessete anos mais moço que Mackmurdo. Além dele, havia sua mulher e sua cunhada – as irmãs Macdonald –, seu cunhado MacNair e alguns outros. O diploma desenhado por Mackintosh (*fig. 128*), datado de 1893, é, de fato, cheio de distorções. O paralelo mais próximo a estes nus, magros e sombrios, é o trabalho do holandês Toorop, mas as

130 ORIGENS DA ARQUITETURA MODERNA E DO DESIGN

mechas de cabelo completamente abstratas, os panos e as árvores reduzidas a uma folha (ou fruta) em cada galho que cresce verticalmente são inteiramente de Mackintosh. Nos anos seguintes, fizeram impressos, e as mulheres também produziram trabalho em metal (*fig. 129*). Surgiu então a grande oportunidade de Mackintosh. Em 1896 ele ganhou a concorrência para o edifício novo da Glasgow School of Art, e o prédio foi construído em 1897-1909. Em *The Studio* publicou um artigo ilustrado sobre o grupo. Em 1900 fizeram uma exposição em Viena, e em 1902 em Turim. Em 1901 Mackintosh participou de uma concorrência patrocinada por um editor alemão – planejar uma casa para "um amante das artes". Glasgow estava destinada, de fato, a ter maior repercussão no continente do que na própria Inglaterra.

128. Mackintosh desenhou este diploma para a Glasgow School of Art Club em 1893 – o ano em que *The Three Brides* de Toorop apareceu em *The Studio*. A influência é óbvia, mas a dispersão e a angulosidade de Mackintosh já são inconfundíveis. Note-se a disposição comprimida das letras.

129. Moldura de espelho de estanho batido, feita pela mulher de Mackintosh, Margaret, e sua irmã Frances Macdonald. Seu título, *Honesty*, e seu padrão vêm de uma planta; os corpos femininos em cada lado são reduzidos a formas alongadas abstratas (c. 1896; largura 29 polegadas – 72 centímetros).

A frente da Glasgow School of Art (*fig. 130*) estabelece o tema para tudo o que Mackintosh veio a fazer nos dez ou doze anos seguintes. Entre 1900 e 1911, ele teve muito trabalho em Glasgow: diversas casas particulares, casas de chá, uma escola, e alguns interiores. A Inglaterra, contudo, permanecia fechada para ele, e aproximadamente de 1910 em diante sua estrela declinou. Era um homem fascinante, mas também difícil e esquisito, e afastava as simpatias dos clientes na cidade sombria de Glasgow. Nos últimos quinze anos de sua vida, quase não recebeu encomendas. A frente da School of Art é essencialmente uma parede de grandes janelas de vidro de ateliês voltados para o norte. Têm o motivo inglês dos Tudor, com ombreiras e padieiras, mas estas são, como as de Voysey, completamente sem molduras. A frente seria uma grade funcional, se não fosse pelo frontispício da entrada, que é descentrado e é uma composição livre e assimétrica de elementos barrocos, do passado colonial escocês e da tradição Shaw-Voysey. O frontão do primeiro andar é barroco, a torre lisa é colonial escocês e as pequenas janelas de sacada ogival são mais Shaw-Voysey. Além do mais, a grade funcional e o vigor do centro são atenuados pelo trabalho delicado e fino em metal, os balaústres da área, o corrimão do balcão e especialmente os estranhos ganchos com bolas transparentes e parecendo flores na frente das janelas superiores. Sua função prática é segurar as pranchas para a limpeza das janelas, mas sua função estética, como a de todos os trabalhos em metal, é proporcionar uma delicada cortina de formas leves e alegres através das quais o resto, mais forte e pesado, será visto. Dentro do prédio também há cortinas transparentes de pilares finos de madeira, surpresas repentinas de relações entre as formas, especialmente na sala do Conselho, onde as pilastras (*fig. 132*) são tratadas de forma abstrata, tipo Mondrian, sob capitéis jônicos perfeitamente inofensivos, e na cobertura, onde as formas são tão ousadas e abstratas como as de Gaudí e de Le Corbusier em Ronchamp, e onde novamente aparecem os mais inesperados arabescos de metal (*fig. 133*).

Apenas uma vez mais Mackintosh projetou um prédio tão funcional quanto a School of Art – o Concert Hall (*fig. 135*) para a Exposição de Glasgow de 1901, desenhado em 1898. Era para ser circular e ter capacidade para quatro mil pessoas. Mackintosh previa uma construção baixa, com uma cúpula em forma de pires

130. Entrada da Glasgow School of Art (1897-1899), por Mackintosh. Em cima da ▷ porta fica a janela da sala do diretor e, em cima desta, seu ateliê. Os ateliês principais têm enormes janelas com moldura de ferro.

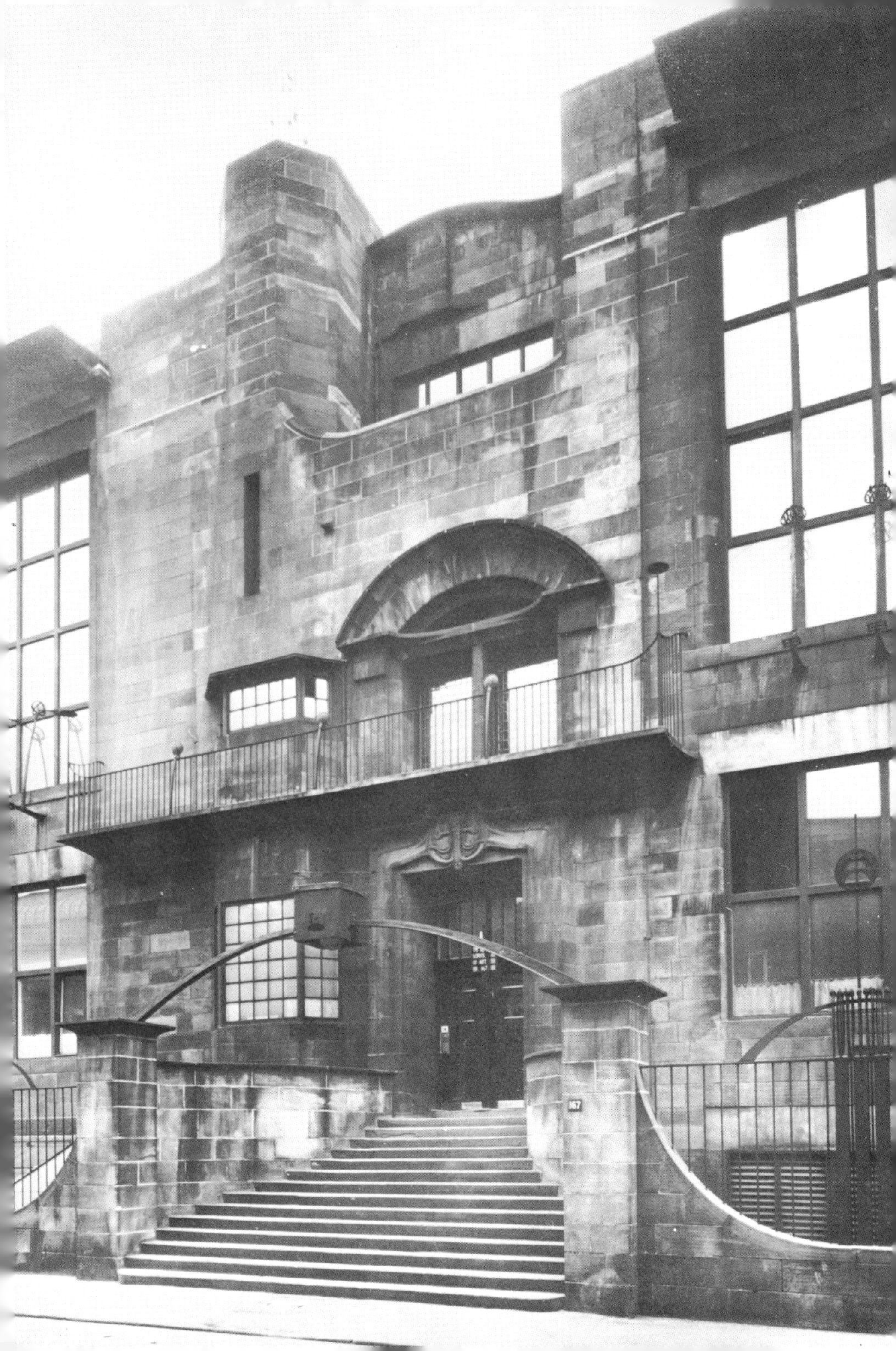
167

131. Hall de entrada da Glasgow School of Art (1897-1899). Mackintosh utilizou formas ousadas revestidas com cimento liso, com pequenas incrustações de azulejos ou metal.

132. Paráfrase de uma pilastra jônica em sala da Glasgow School of Art (1907-1909). ▷

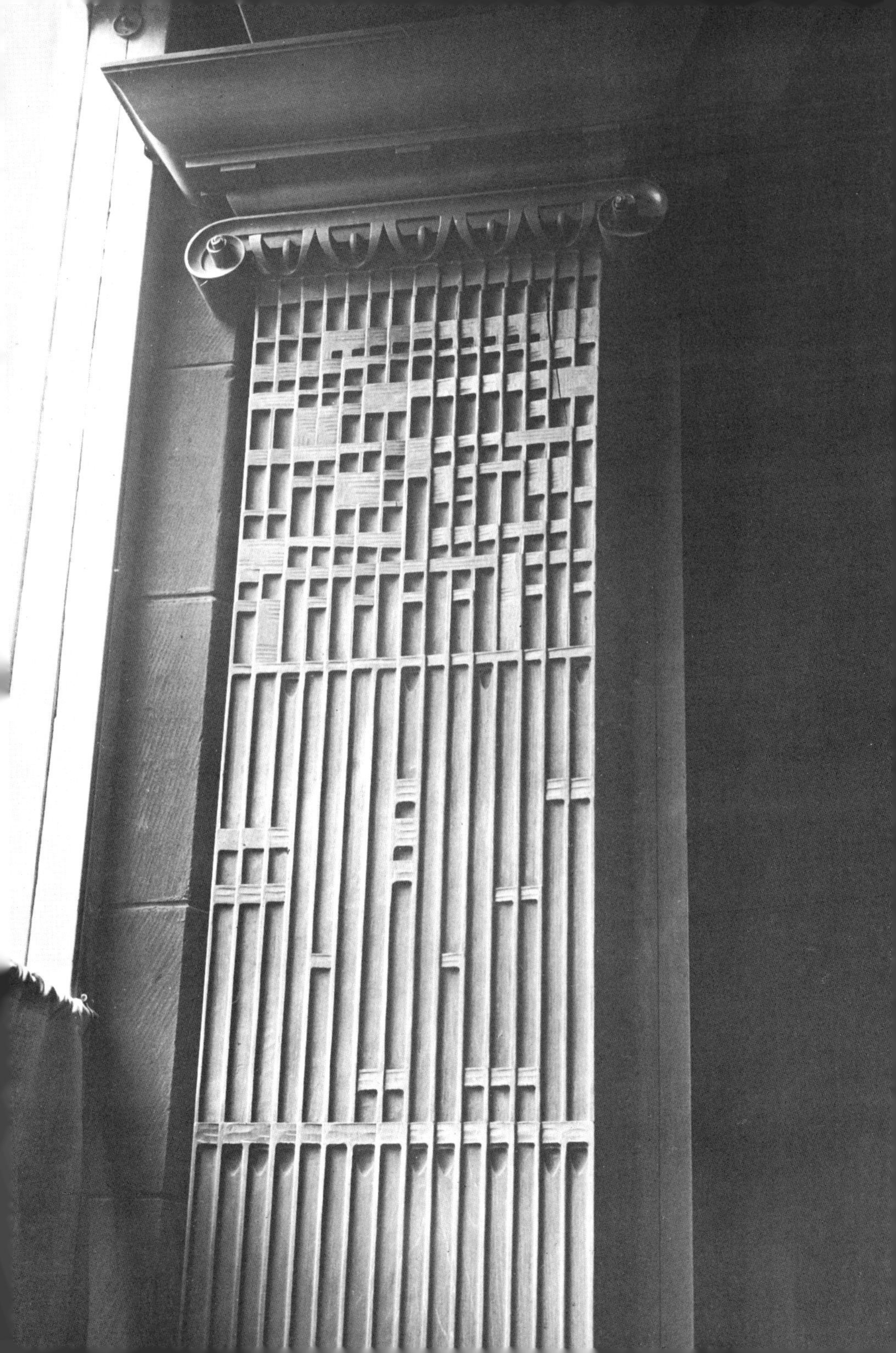

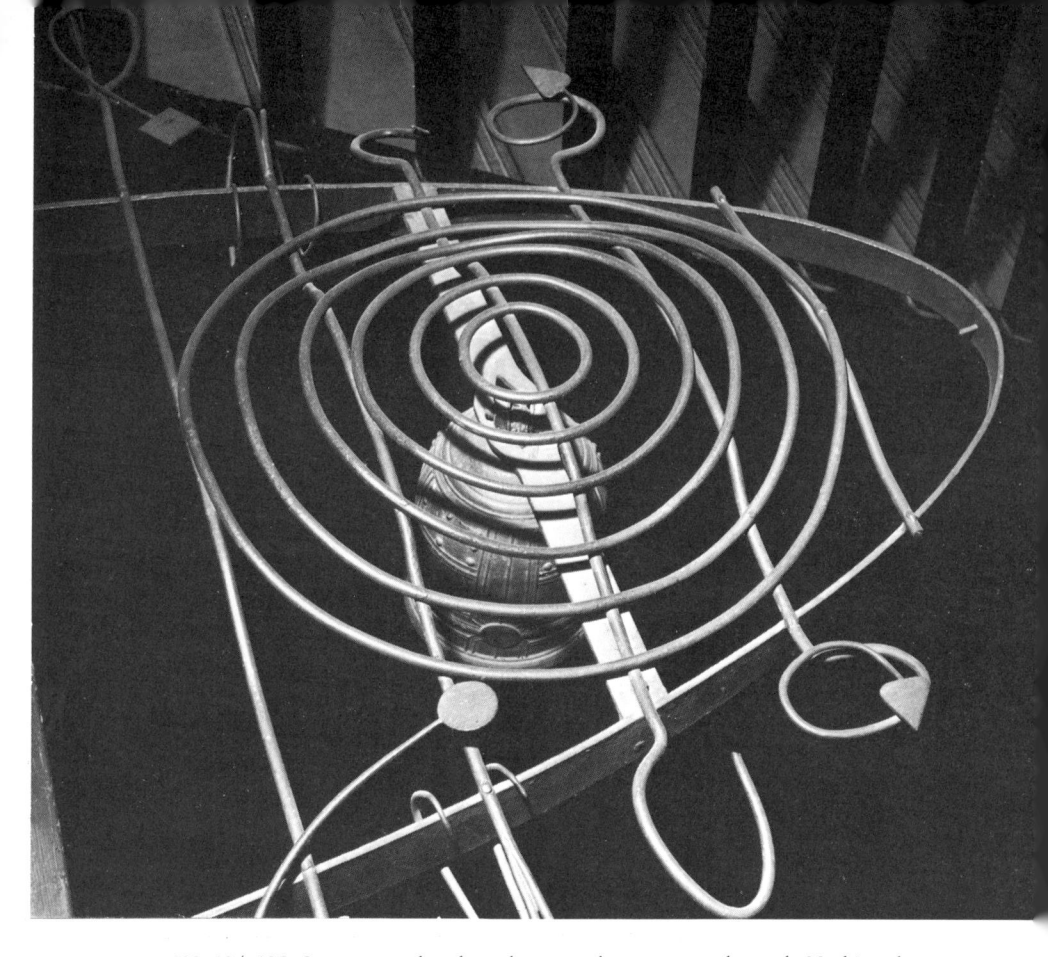

133, 134, 135. O senso escultural agudo e completamente moderno de Mackintosh aparece (*acima*) no lampião de ferro batido por cima das escadas da Glasgow School of Art (1897-1899), (*à direita*) nas formas arrojadas de um arco com revestimento rústico no telhado da Escola (*c.* 1907), e (*embaixo, à direita*) no seu design revolucionário e não premiado, de 1898, de uma sala de concertos circular, com camarins que se projetam, etc.

apoiada em poderosos contrafortes. Os suportes eram de ferro, formando um vão de aproximadamente 165 pés (50 metros). O órgão, os camarins e a parte de serviço eram um anexo com paredes poligonais e parapeitos e teto curvos. O projeto não ganhou nenhum prêmio.

Enquanto o prédio era rigorosamente simples, o órgão teria todas as sutilezas e surpresas do design mobiliário de Mackintosh. O que caracteriza a mobília de Mackintosh pode ser resumido como uma síntese bem-sucedida dos critérios contrastantes da In-

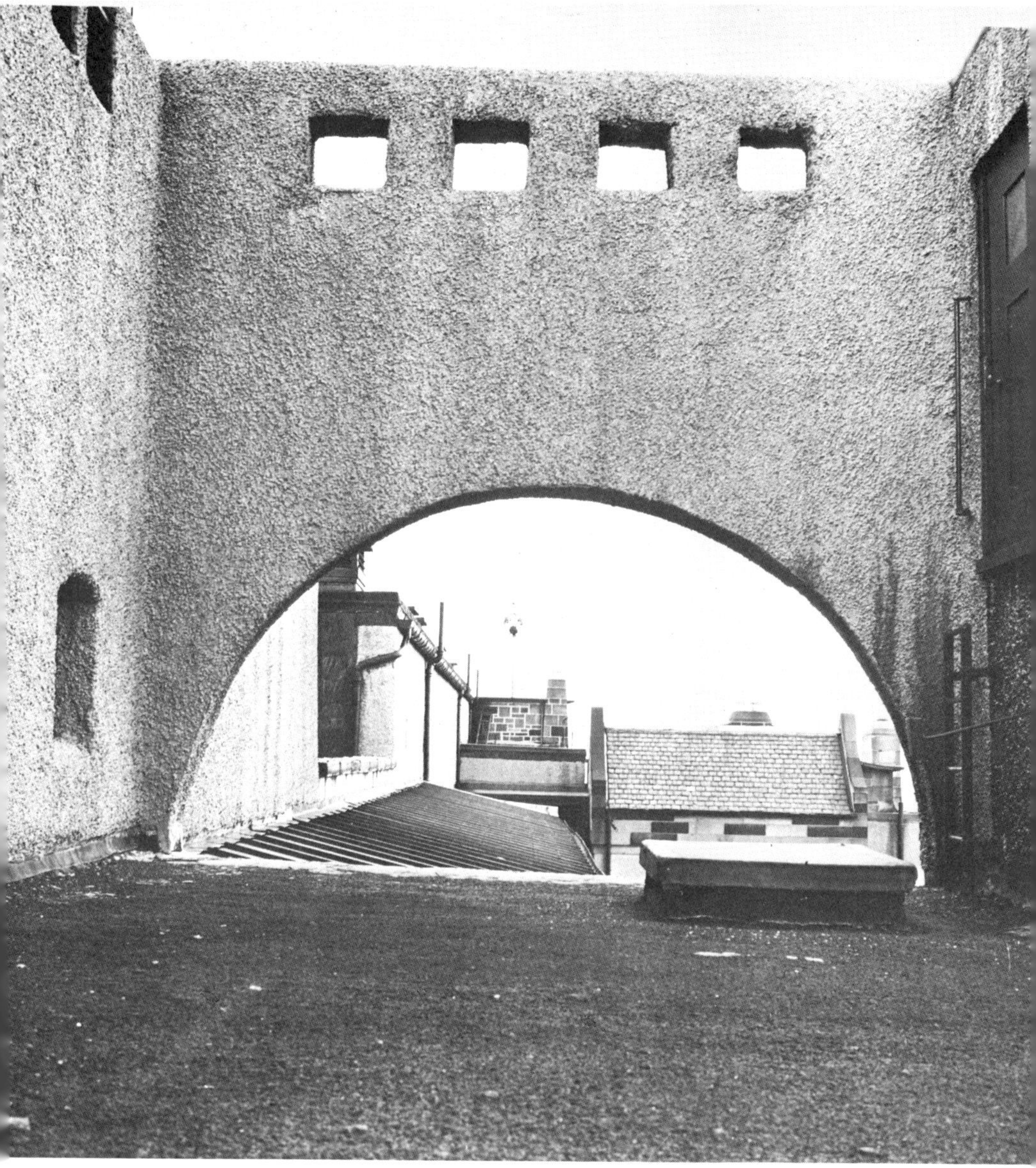

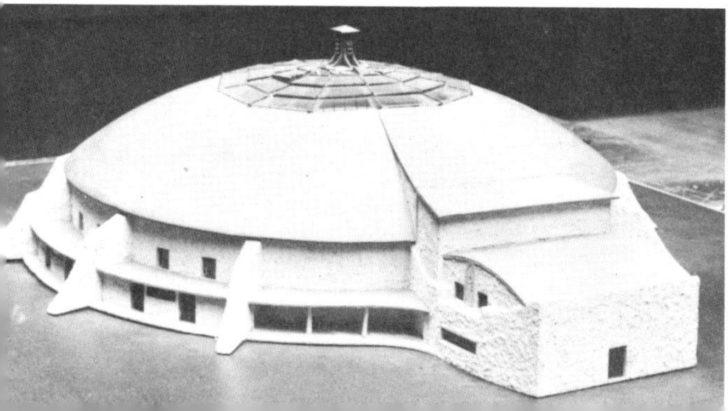

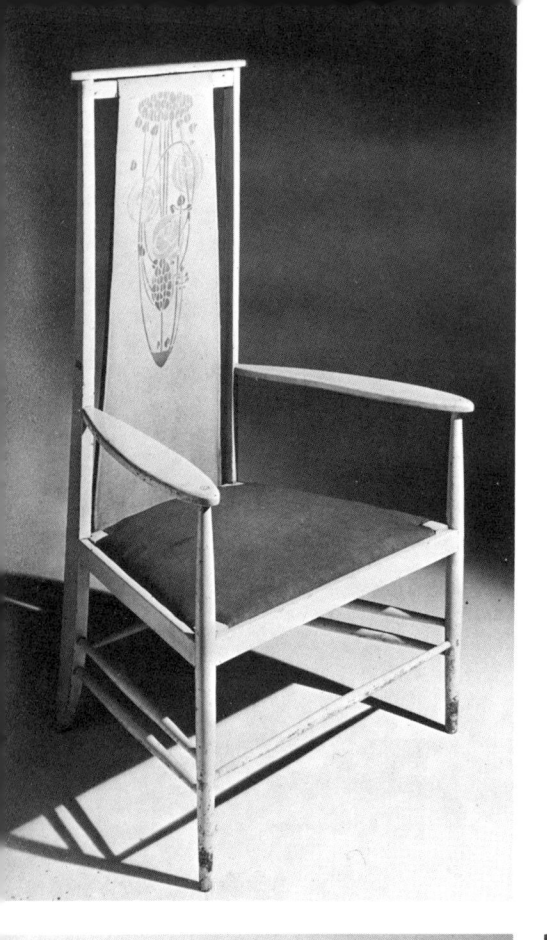

136, 137, 138, 139. A mobília de Mackintosh tem a mesma segurança e originalidade de sua arquitetura. *À esquerda*, uma cadeira de quarto com encosto de tela com flores. *Embaixo, à direita*, uma mesa com incrustação de marfim. Ambas são de *c.* 1900 e esmaltadas de branco, uma moda criada por Mackintosh. *À direita*, uma cadeira de 1902 para um quarto em Hill House, com as ripas em forma de escada, características de Mackintosh, indo até o chão. *Embaixo, à esquerda*, uma mesa para a mesma casa, de madeira tipo ébano, com incrustação de madrepérola, que leva o intrincamento ainda mais longe.

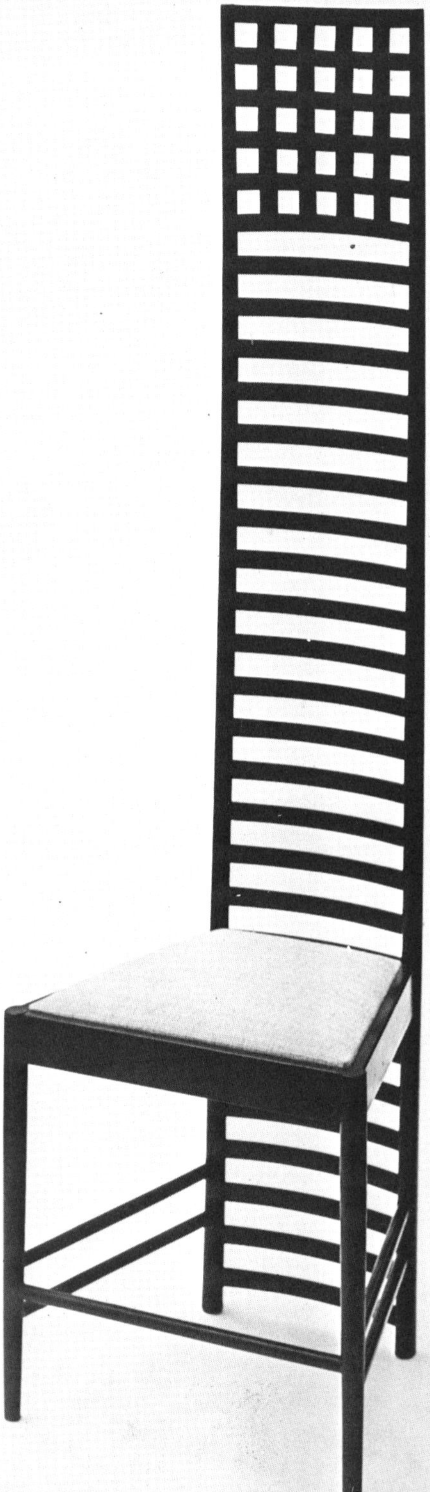

glaterra e do resto da Europa. Tome-se, por exemplo, as duas mesas das fotografias. A primeira (*fig. 137*) é tão quadrada quanto uma de Voysey, e ainda mais rígida – tem uma grelha fechada como uma gaiola –; a segunda (*fig. 138*) é oval, com dois painéis ovais pequenos de curvas abstratas. Além do mais, a primeira mesa tem um acabamento preto e a segunda, branco. O branco e rosa, branco e lilás, com preto, e talvez prateado e madrepérola eram as cores favoritas de Mackintosh (*fig. 143*). Essas cores, sofisticadas e preciosistas, se harmonizam perfeitamente com a sofisticação de suas colunas delgadas e curvas rasas. Mas o radicalismo da abstração ornamental e a maciez lírica das cores também se contradizem, e é a tensão entre elas que torna única a decoração de Mackintosh. Mas ao se examinarem algumas das mais famosas cadeiras de Mackintosh (*fig. 139*), a convicção de que seu uso de grelhas é de fato estrutural pode ser abalada – no mesmo sentido das fachadas dos arranha-céus. Os verticais e horizontais rigorosos devem, por si sós, ter atraído Mackintosh, um contraponto estético a suas curvas tensas, e uma salvaguarda para que as flores frágeis e os tons femininos não saturem.

A fama de Mackintosh foi maior na Europa continental do que na Grã-Bretanha, inclusive na Inglaterra. A exposição de 1900 em Viena, a concorrência de 1901 na Alemanha, onde ficou com o segundo lugar – Baillie Scott ganhou o primeiro prêmio – e a exposição de 1902 em Turim já foram mencionadas. O que fez com que o continente o admirasse foi precisamente o que o privou de clientela na Inglaterra. Ele era muito Art Nouveau, e a Inglaterra, depois de uns poucos anos de Art Nouveau *avant la lettre,* afastou-se, como vimos, de tudo o que fosse *outré.* De fato, quando em 1900 a maior parte do mobiliário francês Art Nouveau foi adquirida da exposição de Paris através de uma doação privada para o Victoria and Albert Museum, apareceram protestos na imprensa – um deles assinado por E. S. Prior, dizendo que "este trabalho não está certo por princípio nem demonstra uma atenção adequada ao material utilizado"[54]. Os que protestaram estavam naturalmente com a razão, dentro de seus próprios termos de referência. Também estavam certos do ponto de vista do recém-começado século XX. A Art Nouveau só pode ser apreciada em termos puramente estéticos – e seus produtos podem muito bem ser chama-

140. Hall de exposições de Joseph Olbrich para a Sezession de Viena (1898): um maciço de formas geométricas. A cúpula de folhas de metal se reproduz, no desenho original de Olbrich, em dois arbustos também redondos, em cada lado da porta.

dos de "sem princípios". Mas se os examinarmos do ponto de vista estético, como na Áustria e na Alemanha, que achado o grupo de Glasgow foi! Viena foi particularmente receptiva, porque em 1900 já estava, por si só, a caminho de retificar as fantasias da Art Nouveau. O edifício da Sezession (*fig. 140*) de Joseph Olbrich (1898), um clube de jovens artistas da oposição, prova esta afirmativa. Ao mesmo tempo que possui uma cúpula de ferro batido, cujos ramos de louros entrelaçados são Art Nouveau, essa mesma cúpula é um hemisfério simples e as paredes são perpendiculares. O que a Sezession mostrou do trabalho de Mackintosh foi uma confirmação; e fez discípulos – ninguém com maior sucesso que Josef Hoffmann. *Quadratl*-Hoffmann tornou-se seu apelido, por causa de sua preferência por quadrados e retângulos em sua decoração (*fig. 141*). Olbrich foi chamado a Darmstadt pelo Grão-Duque de Hesse em 1899. O Grão-Duque, neto da rainha Vitória, encomendou a mobília e decoração interior para seu palácio a Ashbee e Baillie Scott. A editora alemã que estabeleceu a concorrência para a casa de "um amante das artes" (*fig. 142*) e que publicou o projeto de Mackintosh também ficava em Darmstadt. Observando-se

141. Josef Hoffmann, como seu mestre Otto Wagner, acreditava na completa unidade da arquitetura, decoração e mobiliário. *À esquerda*, um interior retilíneo desenhado *c*. 1900.

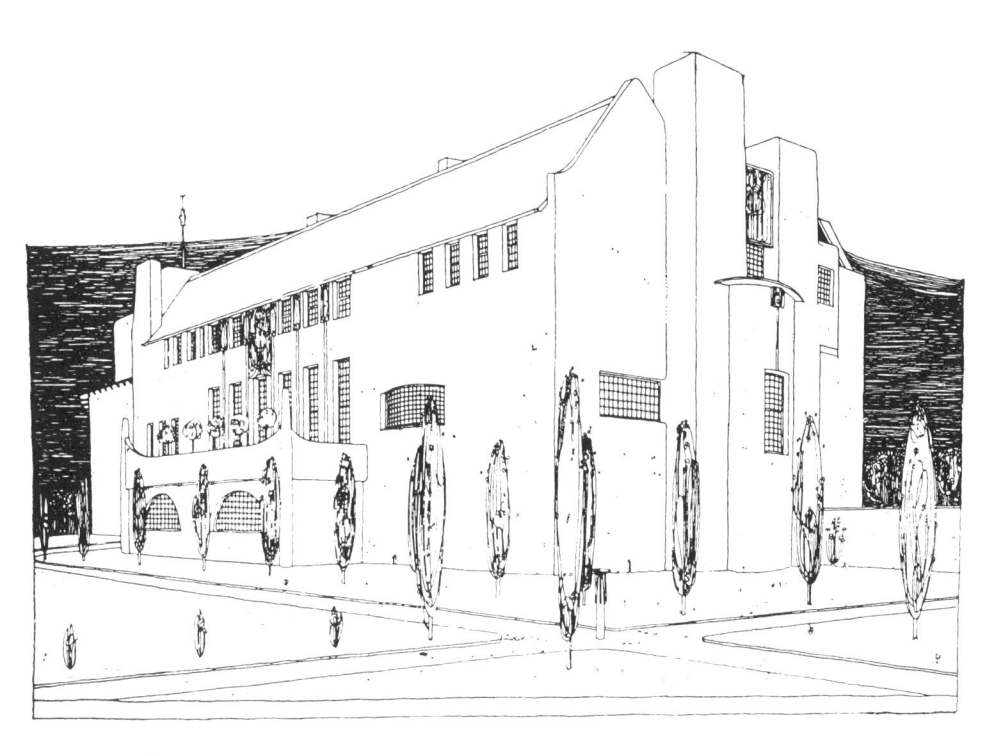

142. Desenho para concurso, de Mackintosh, de uma "casa para um amante das artes", publicado na Alemanha em 1901, e que veio a ter muita influência.

os projetos de Mackintosh pode-se entender por que ele tomou de assalto a Alemanha e a Áustria. Estavam presentes a obstinação e a irregularidade da Art Nouveau, manejadas com uma sutileza extraordinária, até então desconhecidas. Mas também estava presente um senso de verticais delgadas e eretas, superfícies contínuas que podem muito bem servir como arma para derrotar a Art Nouveau. Os adeptos da Art Nouveau e seus recém-surgidos opositores podiam abastecer seus arsenais na *Haus eines Kunstfreundes*.

A ubiqüidade e a intensidade da influência britânica no continente durante esses anos são evidentes. Seus rumos conflitantes, entretanto, merecem comentário. A influência começou com Morris e com o Domestic Revival. Representava, então, um ressurgimento do interesse pelo artesanato, isto é, o provimento de utensílios, e uma apreciação da casa modesta, confortável, de classe média, como em oposição à pompa do edifício público e à *villa* dos ricos. Veio então a influência da Kelmscott Press de Morris, por um lado – o que mais uma vez significava um senso de responsabilidade estética, agora na arte gráfica – e, por outro lado, de

Mackmurdo, e depois de Beardsley, o que encorajava a Art Nouveau, mais do que a responsabilidade. Voysey novamente representava a razão, o conforto doméstico e a beleza no design de interior; Ashbee e Baillie Scott representavam, mais floreadamente, a mesma coisa. Só Mackintosh, como já se viu, poderia ser testemunha de defesa e de acusação tanto da Art Nouveau como da anti-Art Nouveau. Olbrich, em 1901[55], defendia a Art Nouveau contra a Inglaterra: "Só tendo sentimentos democráticos e autocráticos ao mesmo tempo é que se pode avaliar o artesão imaginativo que quer se expressar na arte decorativa mais do que produzir a mera utilidade. Então, pode-se até mesmo abordar a questão em que ninguém se aventurava a tocar agora: quais as forças que são mais valiosas para a nação, as que desenvolvem formas boas de maneira racional, consciente e intelectual... ou as que criam, na plenitude abundante de sua inventividade, centenas de novas formas e visões, cada uma carregando os germes de novas possibilidades... O limite até onde alguém pode avançar em expressividade sem se tornar esteticamente questionável torna-se confuso... deve repousar em níveis diferentes para naturezas diversas e deve afetar de forma diferente naturezas diversas... Assim como não é dado ao inglês exprimir a riqueza da emoção expressa pela alma alemã na variedade indizível de sua música, o espírito inglês não pode se expressar ornamental e construtivamente com força, violência, agitação, fantasia". Mas outros, alguns anos antes, já louvavam a Inglaterra por essas mesmas limitações. Isto é o que Edmond de Goncourt queria dizer em 1896 quando chamou o novo estilo de Yachting Style. É por isso que, no mesmo ano, *Pan,* a única revista recém-fundada que não faz restrições à arte moderna e decoração na Alemanha, trouxe um artigo sobre a arte inglesa na casa, e isto é que fez Adolf Loos dizer que "o centro da civilização européia atualmente está em Londres"[56], e fez o Prussian Board of Trade mandar Hermann Muthesius para a Inglaterra por diversos anos para estudar a arquitetura e o design ingleses.

143. Portas de Mackintosh para os Willow Tea Rooms, 1904. Utilizando vidro, em ▷ suas cores pastel preferidas, em painéis de chumbo e aço sobre madeira branca, ele cria um padrão abstrato muito excitante.

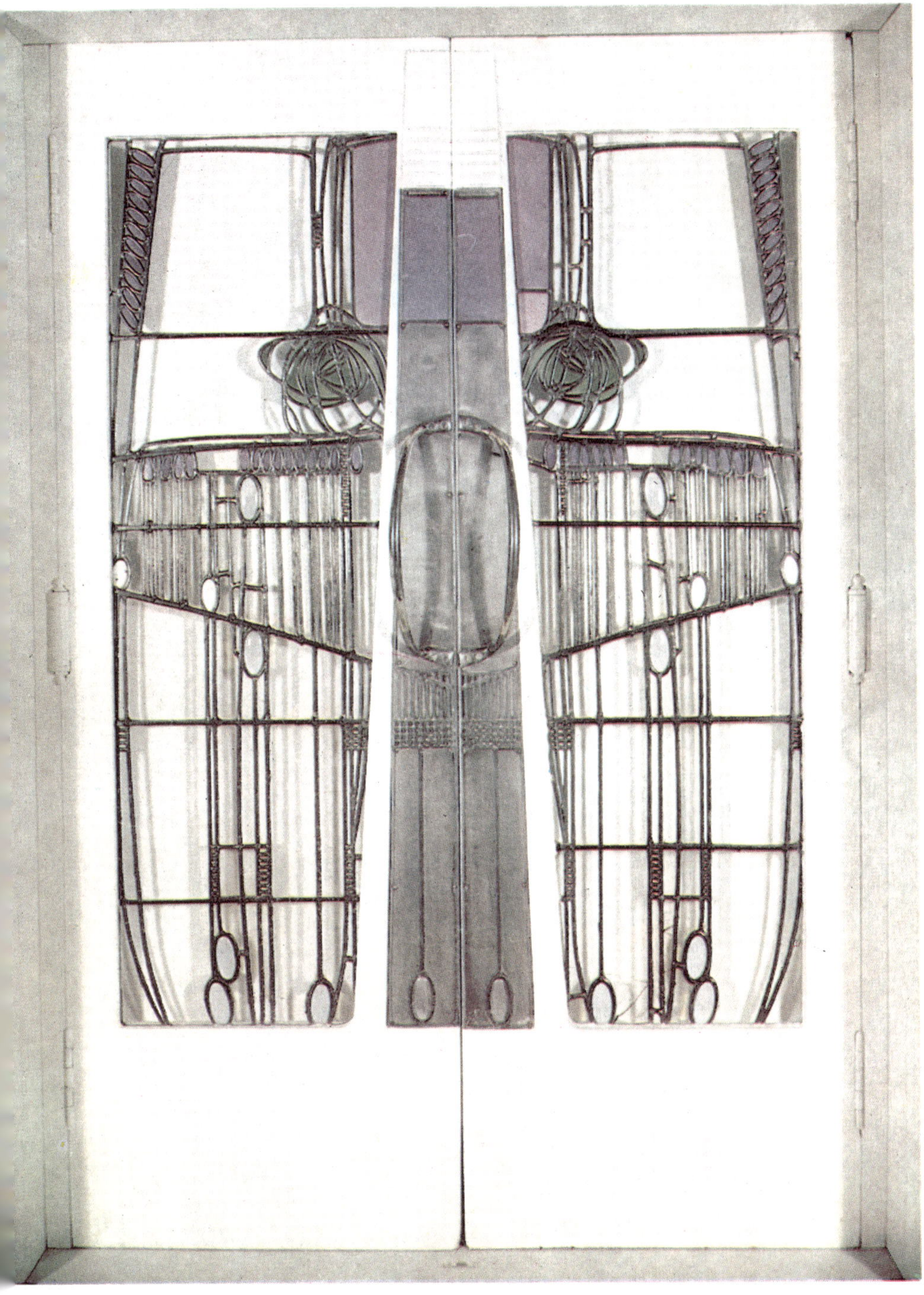

144. Vão central do viaduto ferroviário Garabit, por Gustave Eiffel: uma ponte em arco de ferro, 400 pés (122 metros) acima do rio. Eiffel já utilizara o mesmo sistema em 1877 em seu projeto para a Ponte Maria Pia, em Portugal.

CAPÍTULO QUATRO
Arte e indústria

Viena foi a primeira cidade no continente europeu a voltar ao caminho direto da linha reta, do quadrado e do retângulo e, sendo Viena, foi bem-sucedida em preservar a elegância e senso de materiais preciosos da Art Nouveau. Na Alemanha, a mudança está ligada principalmente aos nomes de Riemerschmid e Peter Behrens. Enquanto a mudança na Áustria era inteiramente estética, na Alemanha foi também social. Riemerschmid e seu cunhado, Karl Schmidt, fundador do *Deutsche Werkstätten*, já em 1899 começaram a tentar resolver o problema da mobília barata e, em 1905, numa exposição, mostraram sua primeira mobília feita em série (*fig. 170*), desenhada, como disseram, "no espírito da máquina". Behrens, que pertencera à colônia de artistas de Darmstadt, abandonou a curva por volta de 1904 e voltou-se para as formas cúbicas e para a decoração quadrada, como fizeram em Viena, mas com maior severidade. Alguns anos depois, foi-lhe dada a oportunidade – pela A.E.G., o conglomerado alemão de eletricidade – de concentrar-se inteiramente, por algum tempo, na arquitetura de fábrica e no desenho industrial. Mas já em 1898 ele tinha projetado peças de vidro para produção em grande quantidade (*fig. 176*).

Na França a revolta contra a Art Nouveau tomou ainda outra forma. Centrou-se na conquista de novos materiais por novos arquitetos. O triunfo da arquitetura em ferro na exposição de 1889 foi ainda o triunfo de engenheiros, ainda que a Torre Eiffel, por sua altura e localização, tenha-se tornado imediatamente um dos

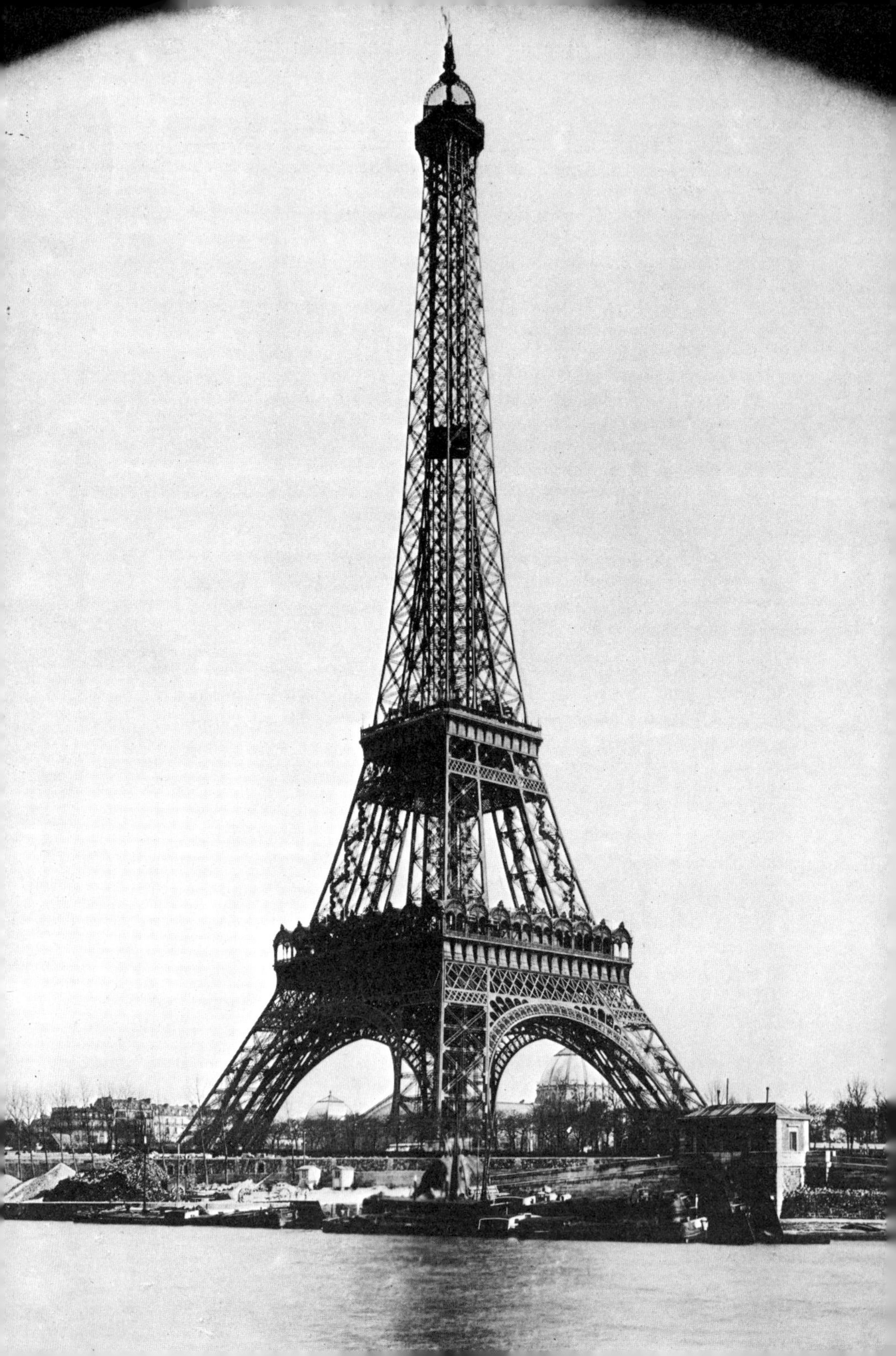

ARTE E INDÚSTRIA 149

principais componentes da cena arquitetônica de Paris. Sendo monumento e não um trabalho de utilidade, como as grandiosas áreas de exposições e pontes – o próprio Viaduto Garabit (*fig. 144*) de Eiffel (1880-1888), com um vão de 543 pés (165 metros), a Ponte Brooklyn dos dois Roeblings (1867-1883), com um vão de 1.595 pés (486 metros), a Ponte Firth of Forth de Fowler e Baker (1881-1887), com um vão de 1.710 pés (521 metros), a primeira uma ponte em arco, a segunda uma ponte pênsil, e a terceira uma ponte cantiléver (*fig. 146*) – a Torre Eiffel (*fig. 145*) tinha mais chance de ser encarada pelo leigo e pelo arquiteto como uma

145, 146. (*À esquerda*) A Torre Eiffel, para a Exposição de Paris de 1889, uma demonstração de virtuosismo em trabalho em ferro com uma altura de 984 pés (300 metros). (*À direita, embaixo*), a Ponte Firth of Forth, de Fowler e Baker (1881-1887), a mais esplêndida de todas as pontes cantiléveres.

peça de design com conotações estéticas, isto é, como arquitetura. De fato, Muthesius, o arquiteto prussiano cujos estudos na Inglaterra foram mencionados, enumerou num livro de 1902, caracteristicamente chamado *Stilarchitektur und Baukunst*, o Palácio de Cristal, a Biblioteca Ste. Geneviève, a Halle des Machines e a Torre Eiffel como exemplos de tipo certo de arquitetura do século XX. Em 1913 ele acrescentou à sua lista plataformas ferroviárias e silos[57].

As plataformas eram de ferro e vidro, mas os silos eram de concreto. A França tinha levado o mundo à apreciação estética do ferro – já discutimos o papel de Labrouste e de Viollet-le-Duc –, e agora ela faria o mesmo com o concreto. O primeiro fanático por concreto, entre muitos, foi François Coignet. Ele escreveu, por ocasião da exposição de 1885, que "cimento, concreto e ferro" substituiriam a pedra, e no ano seguinte tirou patente de peças de ferro revestidas de concreto – incidentalmente, não a primeira patente – em que são chamadas de *tirants*, mostrando que a força de tensão da massa de concreto era apreciável. Nos anos 70, Joseph Monier trabalhou em pilares e vigas de concreto armado, e ameri-

147, 148. Anatole de Baudot, em St. Jean de Montmartre (1894-1902, *esquerda e direita*), foi o primeiro a utilizar concreto armado de forma sistemática num edifício não-industrial. É usado em combinação com tijolo na fachada. O interior tem abóbadas nervuradas e outras reminiscências do passado gótico.

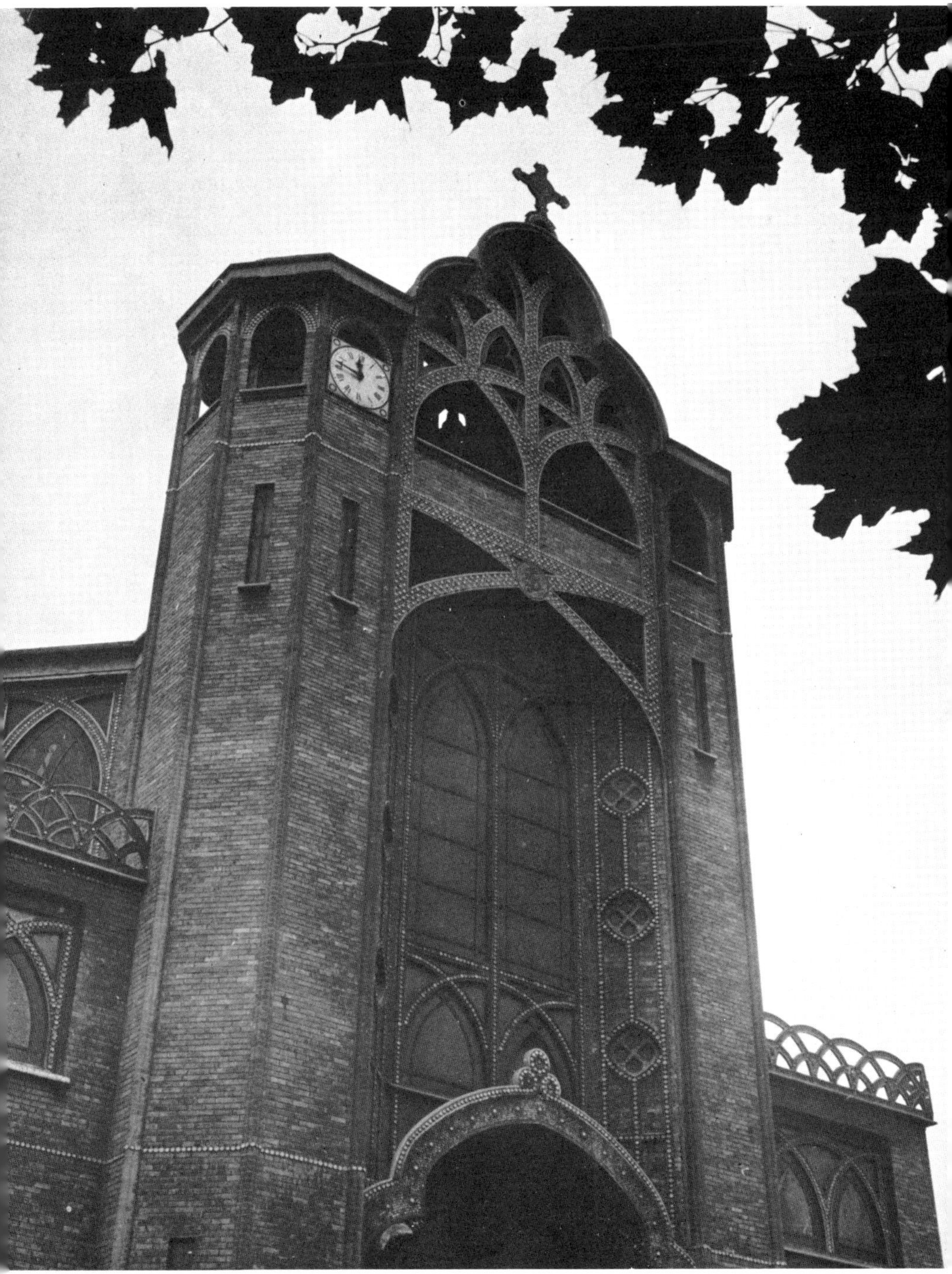

canos e alemães fizeram as análises necessárias e os cálculos do comportamento dos dois materiais em conjunto. Finalmente, nos anos 90, François Hennebique construiu fábricas de concreto com reforços de aço, baseado no princípio da grelha utilitária. A fábri-

149. Um dos primeiros edifícios a utilizar concreto armado em todo ele permitindo janelas enormes: fiação de Tourcoing, por François Hennebique (1895).

150. O primeiro uso doméstico de estrutura de concreto: bloco de apartamentos de Auguste Perret, em Paris, 25 *bis* rua Franklin (1902). Perret fez uma planta em forma de U para garantir a maior área possível com janelas.

ca da fotografia (*fig. 149*) é de 1895. Já em 1894, Anatole de Baudot, aluno de Labrouste e depois de Viollet-le-Duc, e verdadeiro seguidor deles, no sentido de que seguia seus princípios e não suas formas, decidiu utilizar concreto em sua igreja de St. Jean de Montmartre (*figs. 147, 148*) e não ocultá-lo. Ali estão os arcos ogivais, bem como arcadas e abóbadas nervuradas. O caráter do interior é gótico, o do exterior apenas tem vestígios medievais.

Enquanto a igreja de Baudot ainda não estava concluída, em 1902, Auguste Perret, trinta anos mais moço, projetou a famosa casa da rua Franklin (*figs. 150, 152*). Ela tem vários atributos que justificam sua fama. É a primeira casa particular a utilizar estrutura

151. O Théâtre des Champs-Elysées em Paris (1911), por Perret, é um dos primeiros edifícios monumentais construídos inteiramente com uma estrutura de concreto armado. No desenho aparece a estrutura: o palco está à direita, e as filas da galeria aparecem em corte.

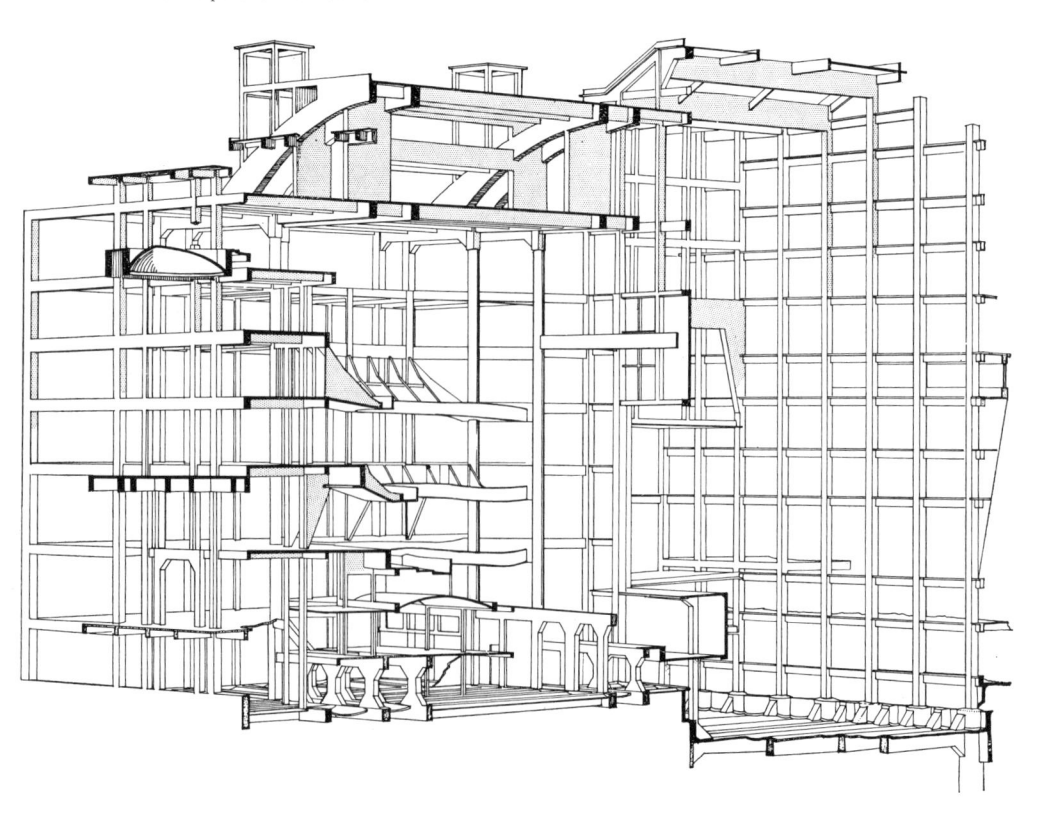

152. Nos apartamentos da rua Franklin, de Perret, a silhueta angular e as sacadas são determinadas pela estrutura de concreto, mas isto fica escondido por terracota e azulejos Art Nouveau.

153. O plano de Tony Garnier para uma enorme cidade industrial, desenvolvido em 1899-1904, embora só terminado em 1917, era revolucionário em sua perspectiva e na utilização integral de concreto armado. Foi planejado em torno das neces-

sidades de fábricas e comunicações – em primeiro plano, as estações de trem e o cais – com casas simples e adequadas para os trabalhadores. Uma represa (ao fundo) forneceria energia.

154. Casas da *Cité Industrielle* de Garnier: formas cúbicas simples de concreto, cercadas de jardins públicos.

de concreto. Demonstra isso orgulhosamente; embora os pilares e as vigas de concreto ainda sejam revestidas de terracota, distingue cuidadosamente a aparência dos suportes e dos painéis decorativos – estes em padrões vivos de folhas Art Nouveau de faiança – abre a fachada em forma de U para evitar um quintal, e reveste lateralmente a escada, por inteiro, com hexágonos de vidro, manifestando assim seu comprometimento com o Castel Béranger de Guimard. Em 1905, na sua garagem da rua de Ponthieu, Perret deixou à vista suas estruturas de concreto; em 1911 no Théâtre des Champs-Elysées (*fig. 151*) ele introduziu a estrutura de concreto na arquitetura pública. Depois, contudo, recusou-se a testar o concreto em suas possibilidades de grandes balanços e superfícies curvas em tensão. Isso foi deixado para outros, um francês de nascimento, e o outro pelo menos pela origem e nome.

Tony Garnier era um pouco mais velho que Perret. Ganhou o Prix de Rome de 1899, mas empregou a maior parte de seu tempo lá desenvolvendo o plano e a arquitetura de uma cidade industrial ideal (*fig. 153*). O resultado foi enviado à academia em 1901, mas de início foi recusado. Foi exibido em 1904 e publicado – não sem

155. Estação ferroviária da *Cité Industrielle*, com grandes janelas, uma torre ousada de concreto e telhados em balanço, ainda mais ousados. Isto, entretanto, foi projetado pouco antes de 1917 e não em 1904[58].

revisões – em 1917. Enquanto isso, em 1905, Edouard Herriot, socialista como Garnier, e na época prefeito de Lyons, começou a utilizar Garnier nas construções municipais. Isso lhe deu a oportunidade de concretizar algumas de suas idéias. O que faz da *Cité Industrielle* um marco na história do novo século XX é o fato de, pela primeira vez, um jovem arquiteto ter tomado como tema as necessidades de uma cidade atual; "pois as exigências industriais", afirmava ele na introdução, "serão responsáveis pela fundação da maioria das novas cidades do futuro". O plano desenvolveu-se num local possível, diz Garnier, ao sudeste da França, sua terra natal. A cidade deveria ter trinta e cinco mil habitantes. O plano recusa-se a ter qualquer ligação com os dogmas acadêmicos da axialidade, mas visa a atender aos interesses dos que vivem e trabalham na cidade. Os planejadores de dezenas de anos depois podem levantar objeções, mas o plano ainda continua sendo um trabalho pioneiro. As casas não têm quintais. Cada casa (*fig. 154*) tem pelo menos uma janela de quarto voltada para o sul. A área construída não ultrapassa metade do terreno. O resto é ocupado por áreas verdes comuns. Há muitas passagens de pedestres. Os materiais utilizados são cimento para as fundações, concreto armado para as vigas e para os tetos. "Todos os edifícios principais são construídos quase que exclusivamente em concreto armado." Isso se vê de imediato: os telhados em balanço da Prefeitura e da estação (*fig. 155*) seriam impossíveis de outra forma e estavam muito além do que tinha sido feito até então. As formas cúbicas das casas pequenas eram também revolucionárias. A decoração não foi banida, mas permanece "completamente independente da construção". Garnier nunca teve oportunidade de realizar algo tão arrojado e radical como a *Cité Industrielle*, mas no Matadouro Público de Lyons (*fig. 156*), construído em 1906-1913, demonstrou dignidade na arquitetura industrial, e foi um dos poucos no mundo a fazê-lo. Voltemos

156. O mais perto que Garnier chegou de sua cidade industrial: parte do enorme matadouro de La Mouche, Lyons (1909-1913). Engloba um mercado de gado. Os edifícios são de concreto, mas a abóbada do mercado (vão de cerca de 265 pés – 80 metros) é de aço e vidro.

157. Estações de carga em Bercy, nos arredores de Paris, por Simon Boussiron (1910): o telhado é de finas cascas de concreto, as partes superiores envidraçadas, sendo que o concreto permitiu um balanço ousado lateralmente.

158. O concreto armado apareceu na construção de pontes com a ponte feita por Robert Maillart sobre o Reno em Tavanesa, Suíça, em 1910. O arco e a estrada são uma só unidade, tanto estética como estruturalmente. A influência de Maillart começou a ser sentida somente depois da Segunda Guerra Mundial.

159, 160. Centenary Hall de Max Berg, em Breslau (1913), explorando inteiramente as possibilidades do concreto. Cobre uma área de 21 mil pés quadrados (1.953m²) com uma economia e dimensão não ultrapassadas, até Nervi. *À direita*, um detalhe das nervuras de concreto armado.

agora ao que foi bem-sucedido nesse campo na Alemanha. Mas primeiro a história do concreto armado deve ser completada pela referência à descoberta das vantagens estruturais e estéticas dos novos materiais combinados no campo da arquitetura de arcos, bem como de vigas. Aqui, o primeiro foi novamente um engenheiro: Robert Maillart, suíço, aluno de Hennebique. Primeiro sugeriu e levou adiante aperfeiçoamentos do sistema corrente de construção de armazéns ou fábricas com pilares e vigas de concreto, tornando uma coisa só o que antes eram as partes que serviam como suportes e as que eram suportadas. O "princípio do cogumelo", desenvolvido por ele, foi descoberto ao mesmo tempo na América. Pouco tempo depois, voltou-se para a construção de pontes, e novamente foi bem-sucedido fazendo do arco e da estrada uma coisa só (*fig. 158*). Ao mesmo tempo, na França – precisamente em 1910 – Simon Boussiron, outro engenheiro, construiu a cobertura da estação ferroviária de Bercy (*fig. 157*), perto de Paris, com abóbadas de concreto muito finas de forma parabolóide-hiperbólica, que viria a ter um futuro espetacular[59]. Mas as possibilidades estéticas

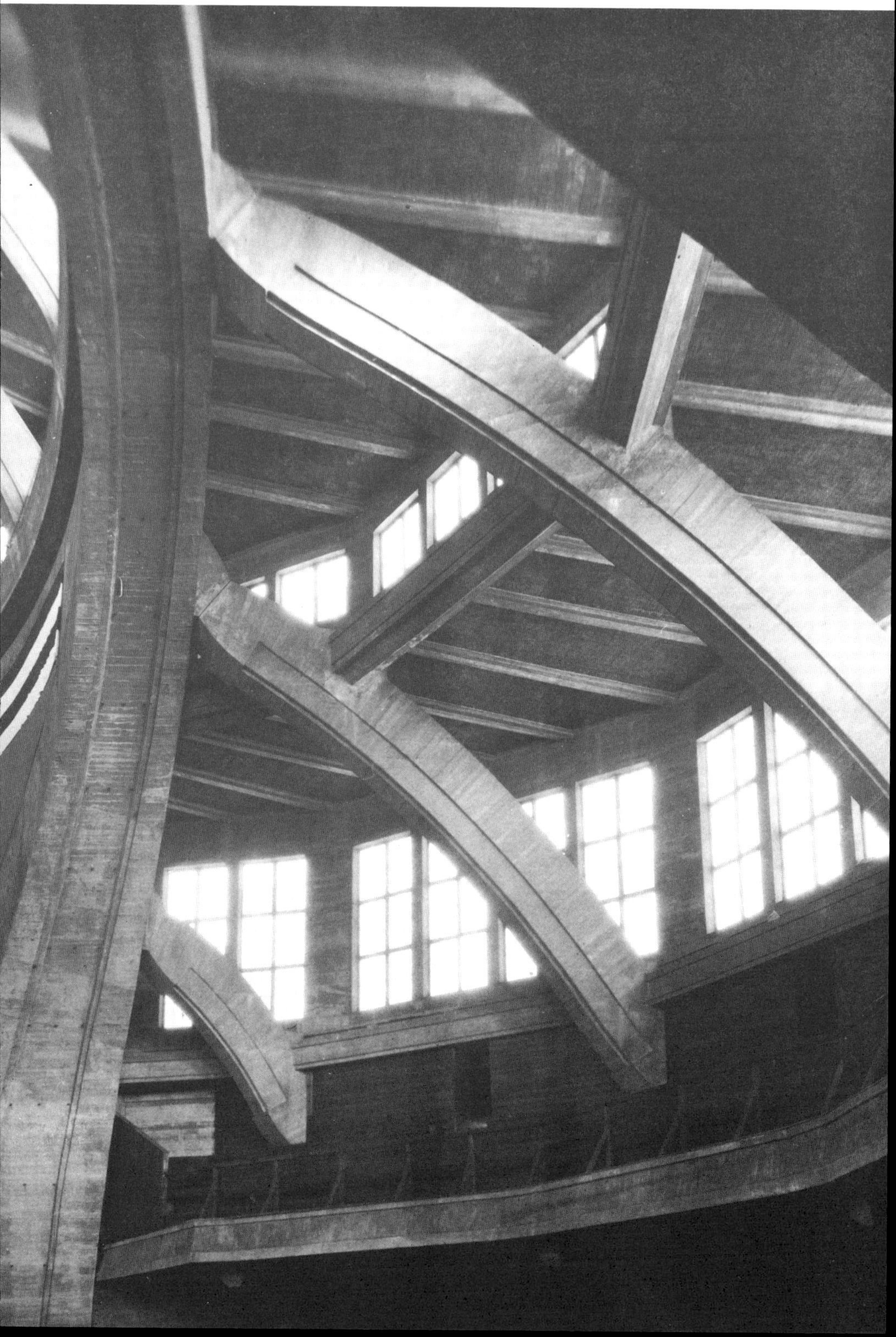

dos arcos, combinando a grande extensão do aço com a solidez da pedra na arquitetura, reconhecidas publicamente, foram inteiramente admitidas, pela primeira vez, por Max Berg, no seu Centenary Hall (*figs. 159, 160*) de 1913 em Breslau. Max Berg não é tão conhecido como deveria ser. Isso se deve, em parte, ao fato de que já antes de 1925 ele abandonara a arquitetura para dedicar-se ao misticismo cristão. E quem poderá dizer que Lothar Schreyer, do *Sturm* e da Bauhaus, que nos conta isso, está tão errado assim ao ver, mesmo no Centenary Hall, "o Cosmos aberto para revelar as órbitas das estrelas e do Empíreo"[60]?

Na Alemanha e na Áustria, os nomes famosos da geração de Perret, Garnier e Maillart são, na Áustria, Josef Hoffmann e Adolf Loos, e na Alemanha, Peter Behrens. A estes deve ser acrescenta-

161. Estações de Otto Wagner para o Stadtbahn de Viena mostram pouco interesse, tanto nas formas modernas como pelo novo meio de transporte que elas serviam.

162. Wagner acreditava que a arquitetura deveria refletir a vida moderna com materiais modernos, mas só atingiu seu ideal em 1905, no hall de vidro e aço da Caixa Econômica Postal de Viena.

do o nome de Otto Wagner, professor na academia de arte de Viena, que era apenas sete anos mais moço que Morris. Na sua aula inaugural de 1894, ele reafirmou a fé de Viollet-le-Duc na idade moderna, a necessidade de descobrir formas para expressá-la e a convicção de que "nada que não é prático pode ser belo"[61]. Seus edifícios desses anos eram menos radicais. As estações de Stadtbahn (1894-1901) (*fig. 161*) são uma espécie de Art Nouveau barroca, acentuadamente menos estimulantes do que o Metrô de Guimard, ao qual elas antecedem; seus prédios de escritórios e apartamentos são simples, mas seus sistemas de janelas não deixam de ser tradicionais. O revestimento preferido – faiança – parece trabalho de Perret. Somente um dos trabalhos de Wagner tem o caráter profético que encontramos pela primeira vez na *Cité Industrielle* de Garnier: o interior da Caixa Econômica Postal (*fig.*

163, 164, 165. Em 1905 Josef Hoffmann recebeu a encomenda de projetar o palacete *acima*, de M. Stoclet, em Bruxelas. O resultado provou que o novo estilo, de simples linhas retas, era adequado tanto para moradia como para o comércio. *À direita*, sala de jantar, com revestimento de mármore e mosaicos de Klimt (*veja fig. 166*). *Embaixo*, o hall, ocupando dois andares.

162), de 1905, com seus delgados suportes de metal e sua cobertura curva de vidro.

Talvez não se esteja totalmente certo ao falar aqui de caráter profético. Os prédios da *Cité Industrielle* e a Caixa Econômica Postal não são proféticos com relação ao século XX; pertencem a ele, isto é, contribuem para a sua criação, a partir de novos materiais e de sua utilização autenticamente integrada, a partir do anti-historicismo da Art Nouveau e a partir da fé de William Morris em servir às necessidades do povo. Os prédios projetados nos mesmos anos

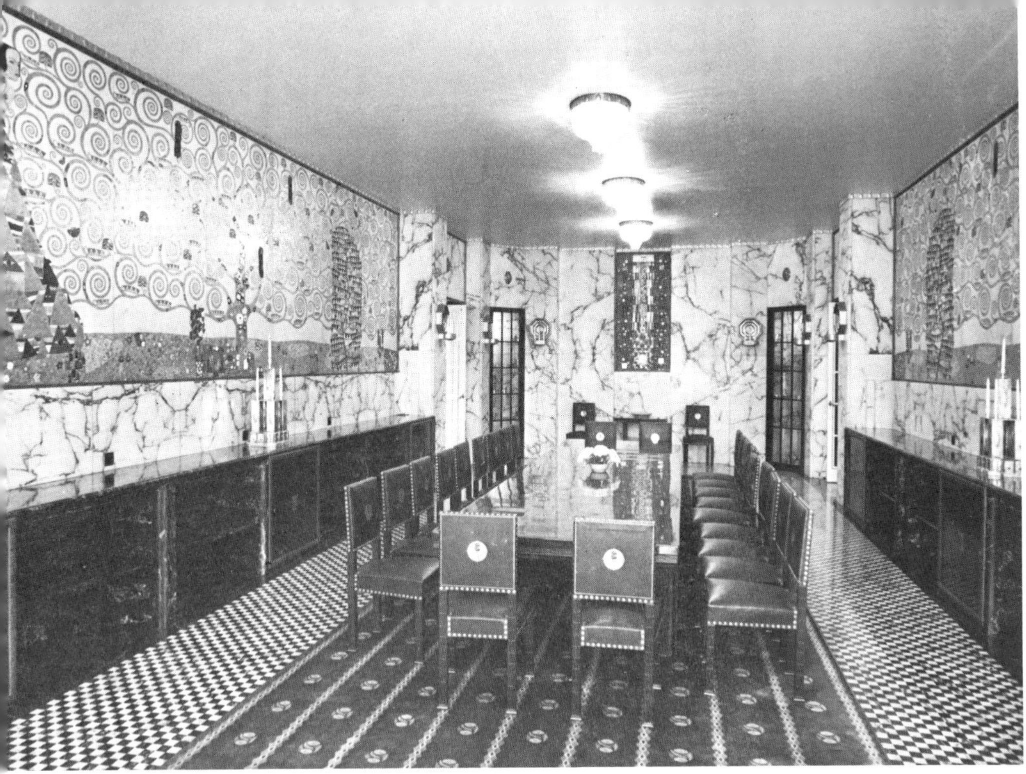

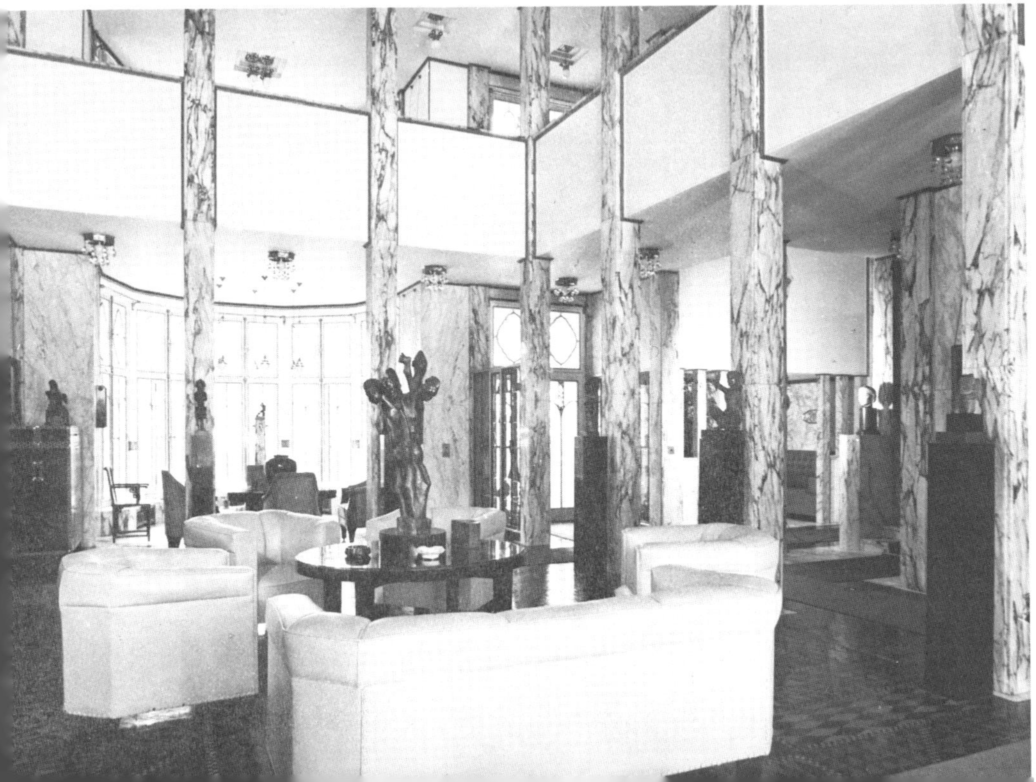

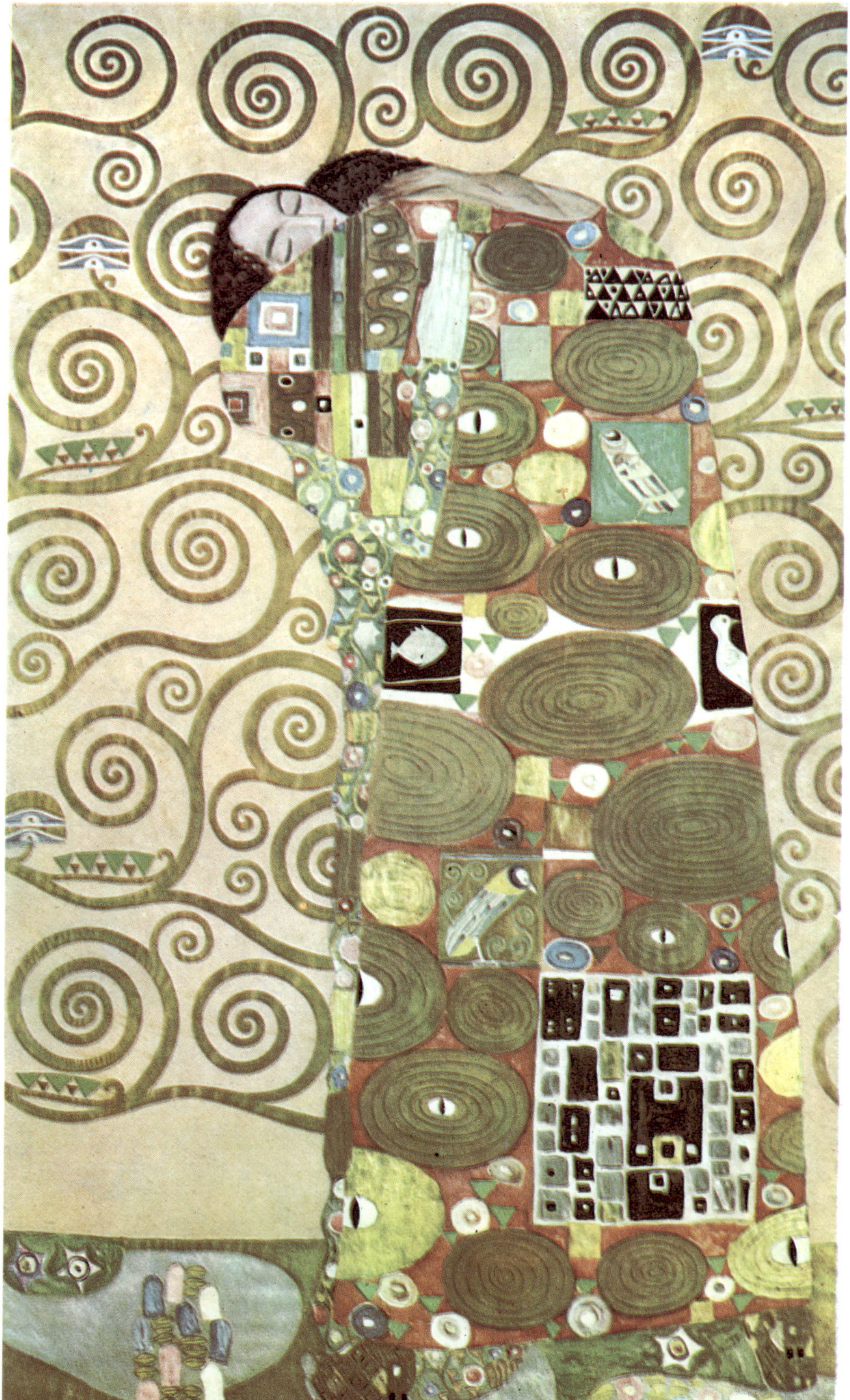

167. Em oposição ao que ele considerava a beleza da arquitetura vienense da moda, Adolf Loos aboliu qualquer sugestão de ornamento e quase de elegância. Sua Steiner House, em Viena (1910), mostra seu trabalho mais intransigente.

por Josef Hoffmann e Adolf Loos devem ser encarados da mesma forma. O Palais Stoclet (*figs. 163-165*), de Hoffmann, em Bruxelas, demonstrou de uma vez por todas que o novo estilo, com seu apego aos ângulos retos não abrandados, era tão adequado ao luxo quanto à função pura, ao lazer quanto ao trabalho. O segredo, se nos inclinamos para a abolição total de ornamento, molduras e curvas, é o uso de bons materiais e o jogo das proporções. Este último determina o exterior variado e vivo do Palais Stoclet; o primeiro, o interior, com seus revestimentos de mármore e seus grandes mosaicos de Klimt. O mosaico (*fig. 164*) é decoração plana, os arabescos de árvores e figuras (*fig. 166*) de Klimt são requintadamente aplanados, e sua perfeita adequação ao conjunto de Hoffmann mostra mais uma vez o papel que a Art Nouveau desempenhou na criação do estilo do século XX.

Adolf Loos odiava Hoffmann e o Wiener Werkstätte, de que Hoffmann foi um dos fundadores, e que foi bem-sucedido ao com-

◁ 166. *Abraço* (1905-1906), de Gustav Klimt, design em aquarela e guache para um mosaico na sala de jantar do Palais Stoclet de Hoffmann (*fig. 164*).

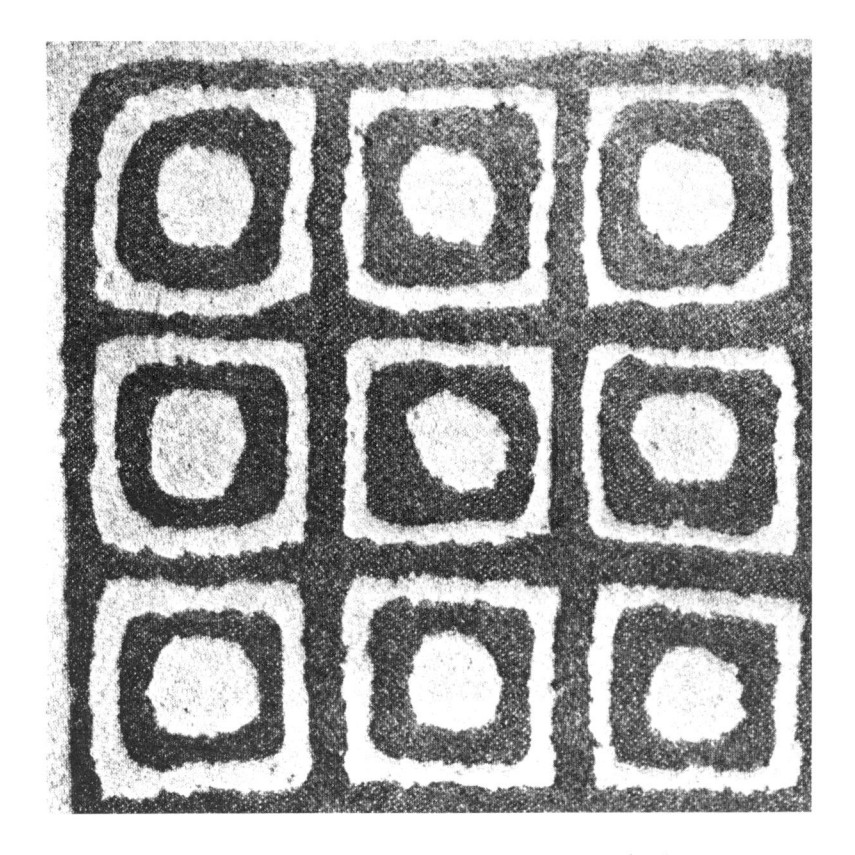

binar o estilo novo e pós-Art Nouveau com uma elegância e uma beleza inimitavelmente vienenses. Para o patrono inicial da Werkstätte, o homem que colocara o dinheiro necessário à disposição do fundador, Mackintosh desenhara uma sala de música. Loos foi o purista do movimento nascente. *Ornament and Crime* é o título de seu ensaio mais citado. Foi publicado em 1908. A mais pura de suas casas puristas e, portanto, a mais freqüentemente divulgada, é a Steiner House (*fig. 167*) em Viena (1910). Aqui, pela primeira vez, um leigo achava difícil decidir se ela não poderia ser de 1930.

A maior contribuição na Alemanha durante esses anos foi a fundação da Deutscher Werkbund em 1907, a sociedade na qual arquitetos, artesãos e industriais se encontraram, e na qual a nova concepção de desenho industrial se desenvolveu, uma concepção cuja origem na Inglaterra – apesar de todos os conflitos entre a fé de Morris no artesanato e a fé igualmente entusiástica na máquina – se tornou patente pelo fato de o termo *design* ter sido adotado na Alemanha, na ausência de uma palavra alemã com o mesmo significado. Uma apreciação da máquina e de suas possibilidades não era nova em si, e uma nova espécie de adoração estética da máquina pode ser encontrada aqui e ali, em todos os países e em todas as décadas do século XIX. Já em 1835, numa pesquisa parlamentar na Inglaterra sobre a relação entre as qualidades do design e as exportações da Grã-Bretanha, o arquiteto neoclássico T. L. Donaldson dizia não conhecer "exemplo de máquina perfeita que não seja ao mesmo tempo bela"[62]. Redgrave, do círculo de Henry Cole, em seu relatório sobre o design na exposição de 1851, escrevera, de forma semelhante, que em objetos "cujo uso é tão amplo que o ornamento é repudiado,... o resultado é uma simplicidade nobre"[63]. E assim chega-se até Oscar Wilde, o esteta: "Toda maquinaria pode ser bela... Não se deve procurar enfeitá-la"[64]. Mas ainda era necessário um grande passo da reação puramente estética de Wilde e o reconhecimento do problema no papel, pelo círculo de Cole, até a abordagem final e solução pela Werkbund.

168, 169. Designs de Richard Riemerschmid para produção em massa: (*à esquerda*) linóleo para a fábrica de Delmenhorst, 1912, e (*abaixo, à direita*) conjunto de chá para a Deutsche Werkstätten.

170, 171, 172, 173, 174, 175, 176. A Alemanha levou o mundo ao design para a indústria com o trabalho de homens como Riemerschmid e Behrens. *À esquerda*, uma cadeira de 1899 e um copo de 1912, de Riemerschmid; *à direita*, garrafas de vidro de Behrens (1898) e chaleiras e ventiladores elétricos para a A.E.G. (1912).

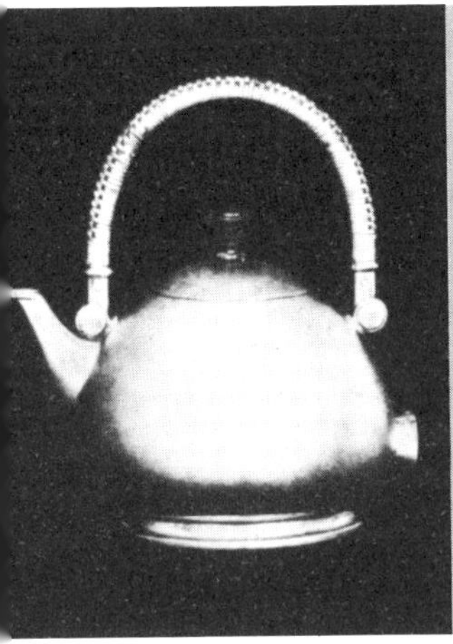

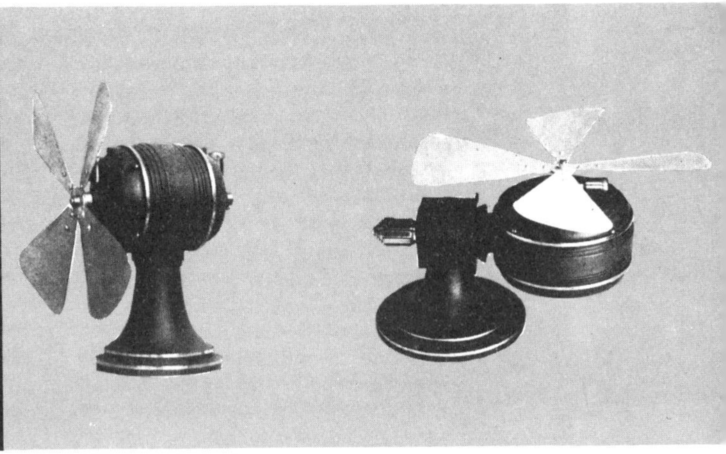

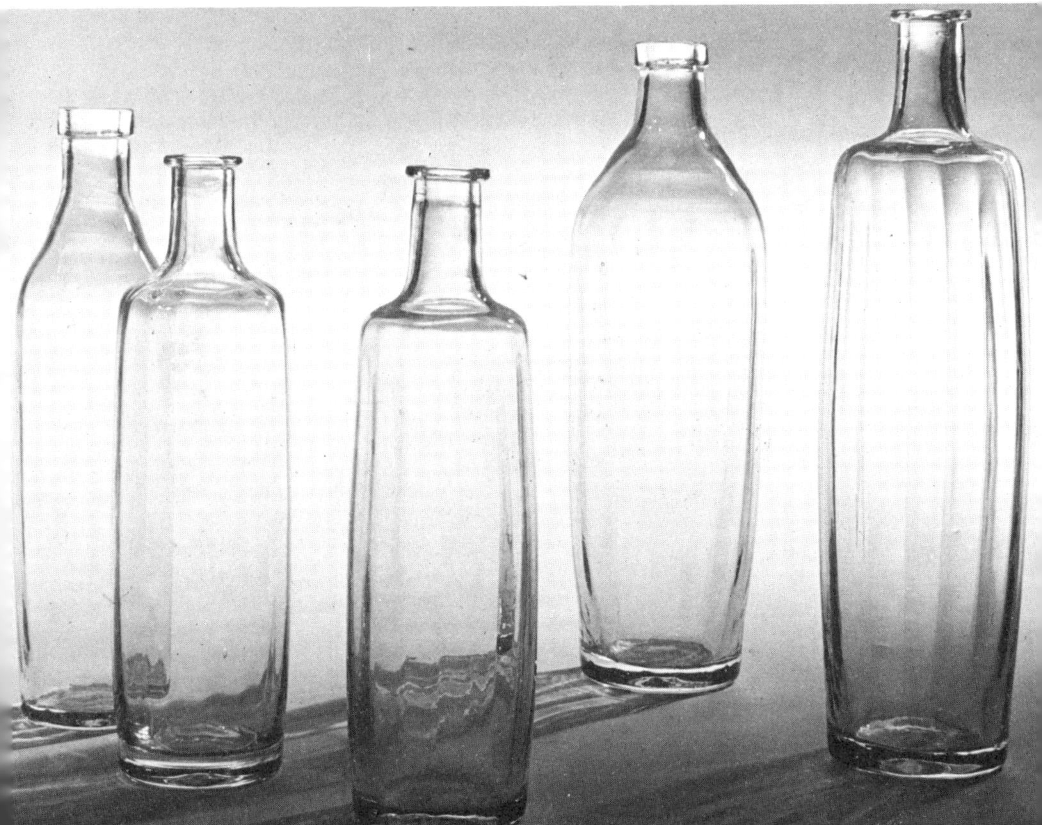

177, 178. Peter Behrens era arquiteto e designer-chefe da A.E.G. Era responsável por tudo, desde catálogos (*embaixo*) até prédios da fábrica em Berlim (*à direita*), 1907.

A Werkbund publicou anuários de 1912 a 1915, e eles contêm o registro do que foi conseguido. Lá estão ilustrados um aparelho de chá (*fig. 169*) de Riemerschmid para o Deutsche Werkstätten, linóleo (*fig. 168*) de Riemerschmid para a fábrica Delmenhorst Linoleum, e chaleiras e ventiladores elétricos (*figs. 173-175*) de Behrens para a A.E.G.

O caso de Behrens é o mais significativo da Europa naquele momento. A Allgemeine Elektrizitätsgellschaft ou A.E.G., sob a direção de Paul Jordan, adotou seriamente os novos princípios da Werkbund e fez de Behrens o arquiteto de seus prédios, fábricas

179. A fábrica Fagus em Alfeld, no Leine, projetada em 1910 pelo jovem aluno de Behrens, Walter Gropius, resumia tudo o que se realizara na arquitetura industrial de antes da guerra. Colunas finas de tijolos e todo o resto em vidro, nenhuma coluna nos cantos.

e lojas, o designer de seus produtos e mesmo dos impressos (*figs. 177, 178*). Behrens era o primeiro da linha que conduz aos estilistas americanos atuais ou a Gio Ponti e Arne Jacobsen. Mas seus edifícios, vistos exclusivamente como arquitetura, também são importantes. O que Garnier estava fazendo em Lyons, Behrens fazia em Berlim, e sua expressão da nobreza do trabalho é ainda mais pura e mais livre dos motivos do passado que a de Garnier.

A síntese final de tudo o que foi desenvolvido na arquitetura industrial até aquela época é a fábrica Fagus (*fig. 179*), de formas de sapatos, em Alfeld, no Leine. Foi projetada pelo jovem Walter Gropius, aluno de Behrens, em colaboração com Adolf Meyer, em 1910, o mesmo ano da Steiner House de Loos (*fig. 167*). Os dois edifícios têm em comum uma forma cúbica bem delineada e a total ausência de ornamento. Mas Gropius lidava com uma tarefa nova, Loos com uma velha. Gropius retomou corajosamente a linha da arquitetura do momento, utilitária e essencialmente anônima, de vidro em moldura estrutural, tal como iria figurar no anuário da Werkbund de 1913. E ele imbuiu-a da nobreza que vira nas fábricas de Behrens e de uma acuidade social derivada, em última análise, do movimento de Morris.

As ilustrações referidas acompanhavam um artigo de Gropius sobre o desenvolvimento da arquitetura industrial moderna, em um dos anuários da Werkbund. Outros artigos eram de Riemerschmid, Behrens e também Muthesius que, mais que qualquer outro, era responsável por encaminhar a Werkbund na direção do século XX. Teve que lutar contra a oposição de Van de Velde, que defendia a expressão individual, enquanto ele, Muthesius, queria desenvolver formas padronizadas.

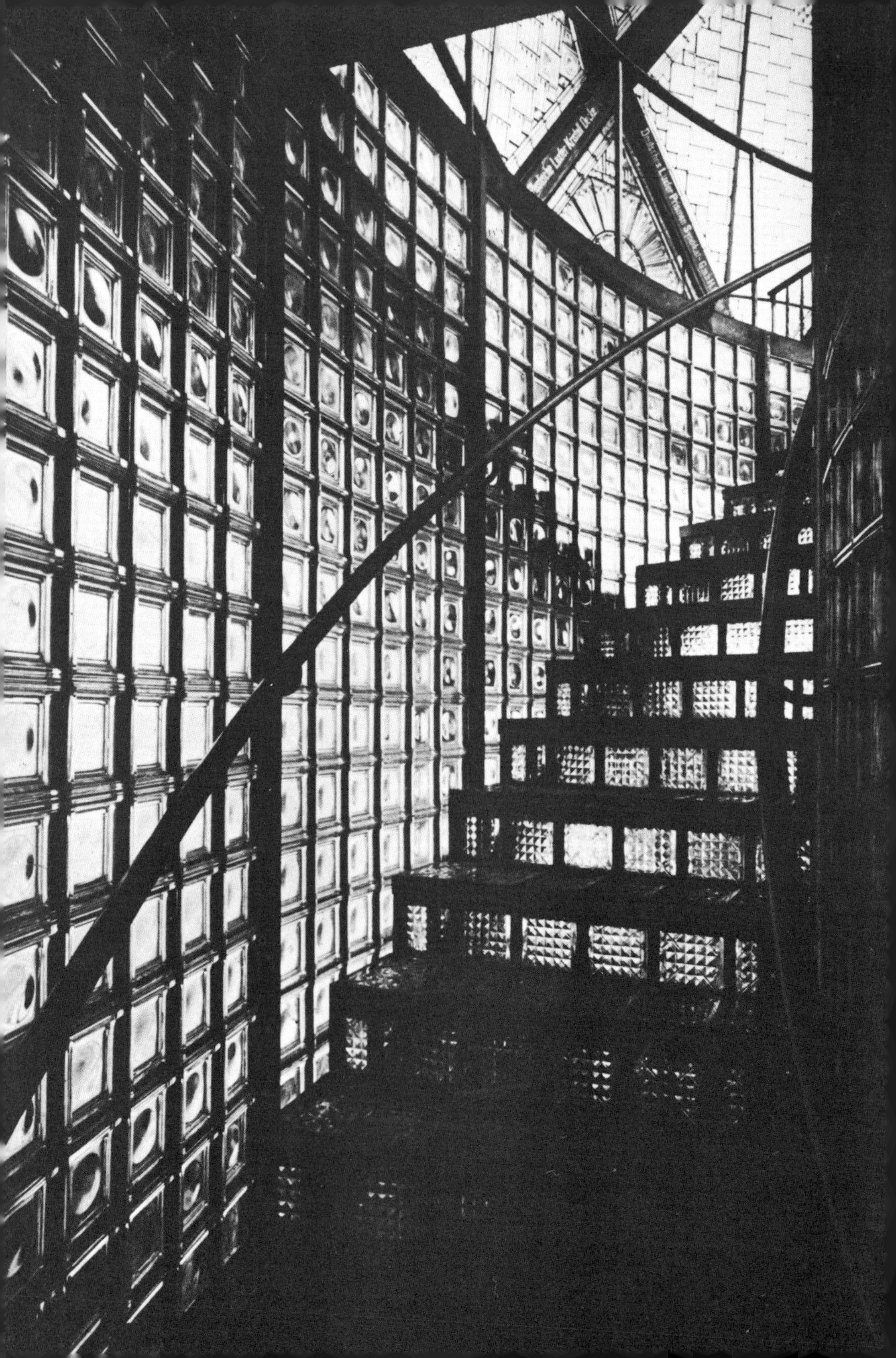

CAPÍTULO CINCO
Caminhando para o Estilo Internacional

Muthesius, na famosa discussão de Colônia em 1914, disse: "A arquitetura, e com ela toda a área de atividade da Werkbund, dirige-se para a padronização (*Typisierung*)... Só a padronização pode... uma vez mais, introduzir um gosto universalmente válido e seguro". Van de Velde respondeu: "Enquanto houver artistas na Werkbund... eles protestarão contra qualquer sugestão de um cânone de padronização. O artista, de acordo com a sua essência mais profunda, é um individualista ferrenho, um criador livre e espontâneo. Ele nunca se submeterá voluntariamente a uma disciplina que o obrigue a um tipo, a um cânone". Deve ter sido um momento memorável – a Art Nouveau no seu auge resistindo às necessidades e declinando das responsabilidades do novo século.

De fato, a vitória de Muthesius se assegurou antes mesmo do encontro de Colônia. O encontro se realizou a partir da primeira exposição da Werkbund, e esta exposição, pelo menos em seus prédios principais, demonstrava de fato essa vitória, e tê-la-ia demonstrado internacionalmente se a irrupção da Primeira Guerra Mundial não tivesse rompido a unidade européia e sustado o progresso cultural. Entre os edifícios, o Festival Hall de Behrens era frustrantemente clássico, o pavilhão austríaco de Hoffmann, também clássico por fora, tinha por dentro uma jovialidade quase retardatária, assim como o teatro impressionante de Van de Velde,

◁ 180. Escada na Glass House (Casa de Vidro) de Bruno Taut, na Exposição Werkbund de Colônia, em 1914, inteiramente de tijolos de vidro (cf. *fig. 101*) e ferro.

181. A Glass House de Bruno Taut (1914), com cúpula prismática predizendo Buckminster Fuller.

com suas curvas enfáticas. Os dois prédios mais poderosos eram a Glass House (*figs. 180, 181*), de Bruno Taut, e a Halle des Machines, de Gropius, e também os escritórios anexos de uma fábrica fictícia. A cúpula primástica (*fig. 181*) de Taut era a forma mais original da exposição, uma profecia das cúpulas geodésicas que viriam. A parede de vidro descende de Guimard e de Perret. Gropius, nessa época, era claramente influenciado não apenas por Behrens, mas talvez mais ainda por Frank Lloyd Wright, cujo trabalho se tornara conhecido na Europa primeiro por duas publicações em Berlim (1910 e 1911) e, depois, pelas aulas de Berlage, que visitara Chicago em 1911.

A Chicago que ele conheceu não era mais, contudo, a de Sullivan, embora este ainda estivesse vivo. Depois de acabada a loja Carson Pirie Scott (*fig. 182*) em 1904, ele não recebeu mais nenhuma encomenda de importância e morreu sozinho e desapon-

182. A loja Carson Pirie Scott, em Chicago, de Sullivan (1899-1924). Note-se a estrutura dominante de aço, revestida de terracota branca e terminando em uma galeria com beiral; "janelas Chicago" (centro fixo e lados móveis) e ornamento luxuriante emoldurando as vitrines (*veja fig. 25*).

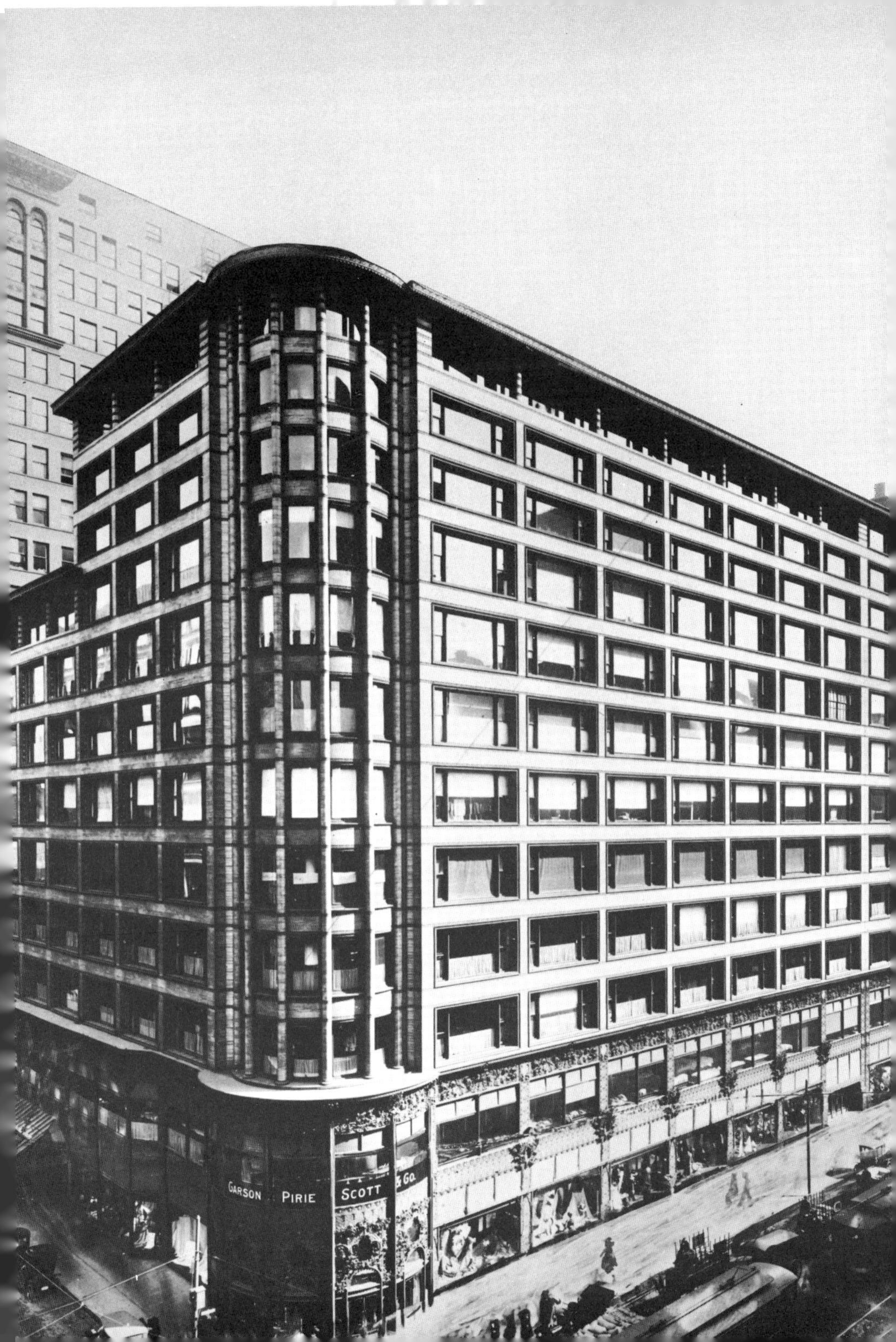
CARSON PIRIE SCOTT & Co.

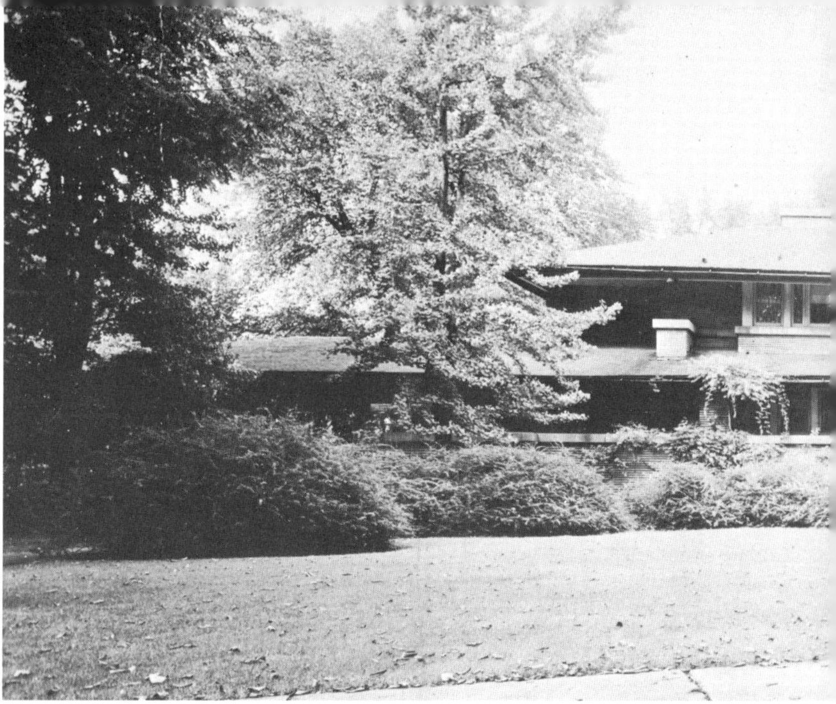

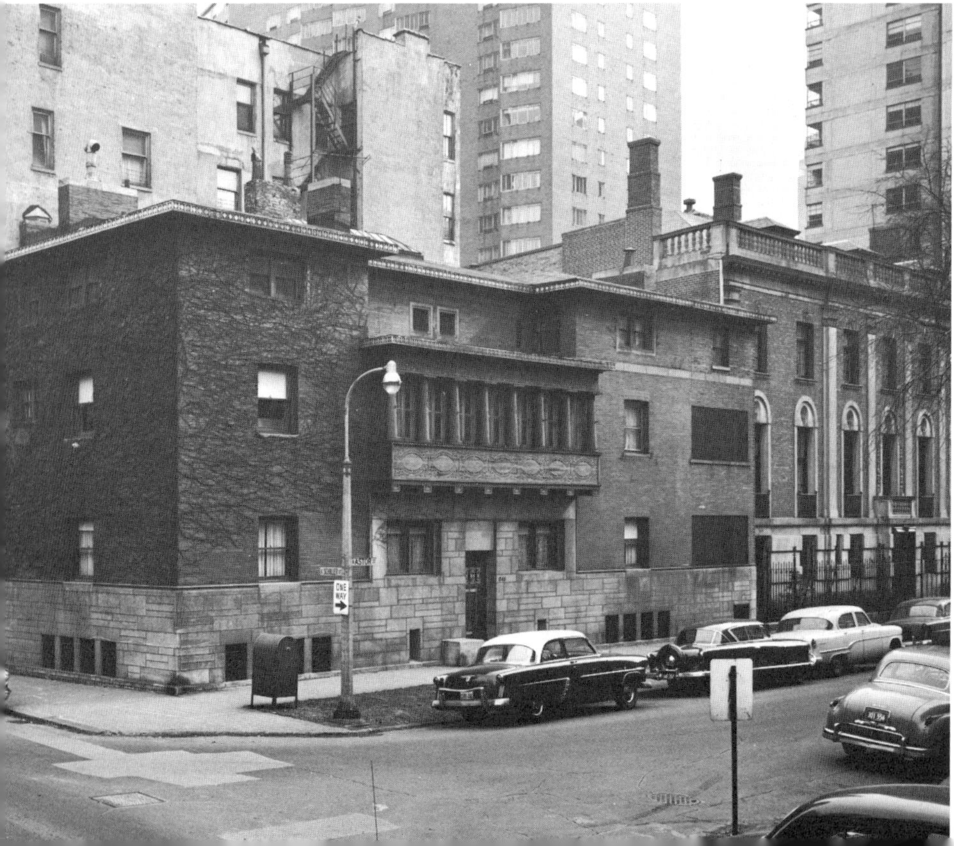
ONE WAY

183, 184. Frank Lloyd Wright estava no escritório de Louis Sullivan quando fez a Charnley House, em Chicago (1891-1892, *embaixo à esquerda*), com ornamento tipo Sullivan no balcão. É ainda um projeto fechado, mas o telhado baixo com balanço e a severidade apontam para seus trabalhos posteriores, como a Martin House, em Buffalo (*acima*), de 1906, com sua interpenetração complexa de espaços interiores e exteriores.

tado em 1922. Quando, por ocasião da Grande Exposição de Chicago em 1893, o classicismo derivado das Beaux-Arts triunfava, ele profetizara que isso faria a arquitetura nos Estados Unidos retroceder em cinqüenta anos. Quase acertou. A assim chamada School of Chicago malogrou durante os últimos anos antes da Primeira Guerra Mundial, e embora alguma coisa igualmente influente a substituísse, não era do calibre do trabalho da School of Chicago. O que tinha sido feito com novos materiais e com novos objetivos foi substituído por um trabalho – reconhecidamente brilhante em termos estéticos – no campo limitado da casa particular.

Ainda assim, o trabalho de Frank Lloyd Wright não é inteiramente uma realização estética. Pode-se facilmente dizer em que consistia: uma visão nova da casa, inserida em seu ambiente natural e abrindo-se para ele por meio de terraços e telhados em balanço (*fig. 184*), e uma visão nova do interior da casa, com espaços livremente inter-relacionados (*fig. 185*). Havia precedentes

185. Planta da Martin House, em Buffalo, de Frank Lloyd Wright (1906). Os quartos se articulam em um esquema espalhado entre a vegetação. Quase não há portas internas; em vez disso, Wright utiliza mudanças de nível, colunas e arcos. As dependências de empregados, à esquerda, acima, são também abertas. A vista da *fig. 184* é da direita da planta.

A. Sala de estar
B. Sala de jantar
C. Hall de recepção
D. Escritório
E. Cozinha
F. Copa
G. Vestíbulo
H. Varanda
J. Entrada coberta para carruagem
K. Estufa
L. Estábulo
M. "Paddock"
N. Bicicletas
O. Lavatório
P. Pérgola

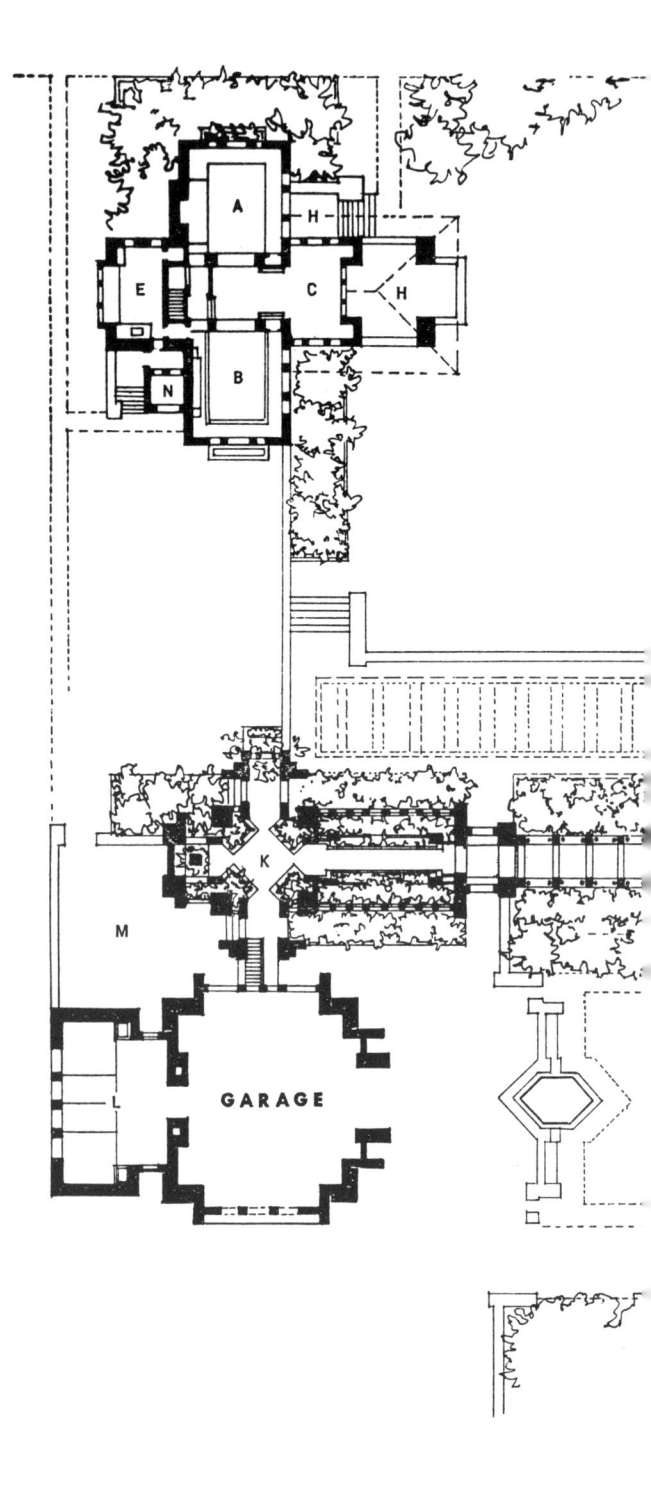

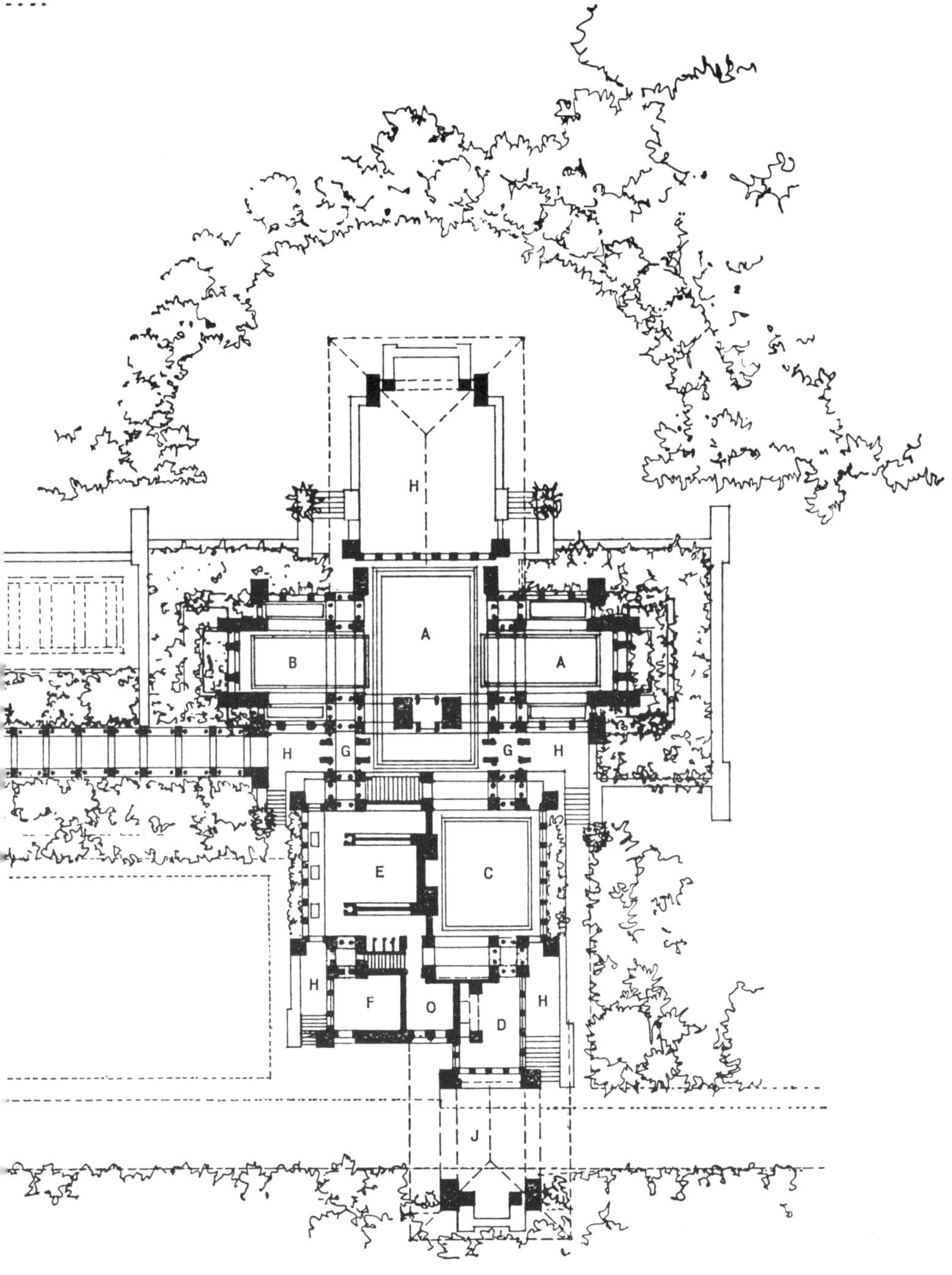
H
A
B
A
H
G
G
H
E
C
H
F
O
D
H
J

práticos de ambas as coisas na construção de casas particulares nos Estados Unidos, antes dele; como experiência estética, pertencem inteiramente a ele; e, por sua influência, de 1910 em diante estabeleceram novos ideais também para a Europa. As datas operacionais são estas: a Charnley House (*fig. 183*), de 1891, estritamente cúbica mas fechada; a Winslow House, de 1893, com beirais amplos mas ainda fechada; o *Studio* em Oak Park, de 1895, o primeiro com uma planta de complexos entrelaçamentos, até o depósito de águas de 1900-1901, quando o tipo foi claramente estabelecido até a maturidade de Martin House (*fig. 184*), de Buffalo, de 1906, e as Coonley e Robie Houses de 1907-1909.

Como já foi dito, no ano de 1910 surgiu a primeira publicação do trabalho de Wright na Europa; em 1914 Gropius, inspirado por Wright, criou uma fábrica para a exposição industrial em Colônia, em 1915 Rob van't Hoff construiu uma casa totalmente den-

186, 187. Cadeiras de braço de Gerrit Rietveld: (*à esquerda*) uma forma cúbica de pinho e couro, desenhada em 1908 quando tinha apenas vinte anos; (*acima*) um design todo em madeira de 1917 – a primeira peça de mobiliário adotando os princípios do *De Stijl* – em que o conforto dá lugar à geometria.

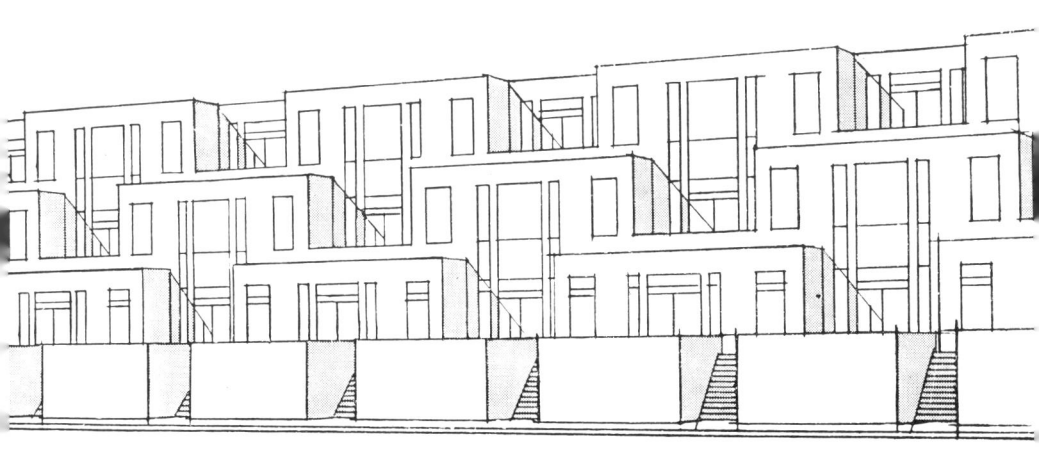

188. Projeto de casas com terraços na esplanada de Scheveningen, por J. J. P. Oud, 1917.

188 ORIGENS DA ARQUITETURA MODERNA E DO DESIGN

tro do estilo de Wright na Holanda. Mas a Holanda logo abandonaria a mensagem de Wright, e desenvolveria suas formas dentro de um novo espírito. Era o espírito do cubismo. Suas formas eram suficientemente cúbicas, de modo a permitir tal mudança de significado. *De Stijl*, portador dessa transformação, foi criado em 1917, e suas realizações e repercussões ultrapassam os objetivos deste livro. Sua expressão arquitetônica mais significativa no princípio foi o projeto de Oud para um conjunto de casas litorâneas em Scheveningen (*fig. 188*), ainda tão simples nas formas em bloco de seus elementos como Garnier em sua cidade industrial. Então, quase imediatamente, complicações não-funcionais foram introduzidas para indicar esteticamente a interação de planos. Interação de planos é também a concepção estética básica que se encontra

189. Armário de mogno, desenhado por Johan Rohde, em 1897, para seu uso, feito pelos irmãos H. P. e L. Larsen.

190, 191. Talher desenhado e feito por Georg Jensen em 1908 (*no alto*) e prataria dinamarquesa: bule de chá e açucareiro desenhados por Johan Rhode e feitos por Georg Jensen (cerca de 1906) (*acima*).

por trás da famosa cadeira de Rietveld (*fig. 187*) de 1917. É mais engenhosa e era mais estimulante do que seu trabalho anterior, mas uma cadeira que ele fez nove anos antes (*fig. 186*), com apenas vinte anos, tinha uma *Sachlichkeit* que a convivência com o cubismo só poderia perturbar.

A Alemanha, nos primeiros anos da Werkbund, não estava sozinha na busca da simplicidade e da forma funcional de objetos de uso diário. A contribuição holandesa começou na primeira década do século XX. A contribuição dinamarquesa começou tam-

192. Sant'Elia morreu muito cedo para ter tido a oportunidade de realizar idéias futuristas brilhantes como esta, com tráfego em diversos níveis (carros embaixo, ruas de pedestres ligando edifícios com terraços em cima), desenvolvida esquematicamente em 1913-1914.

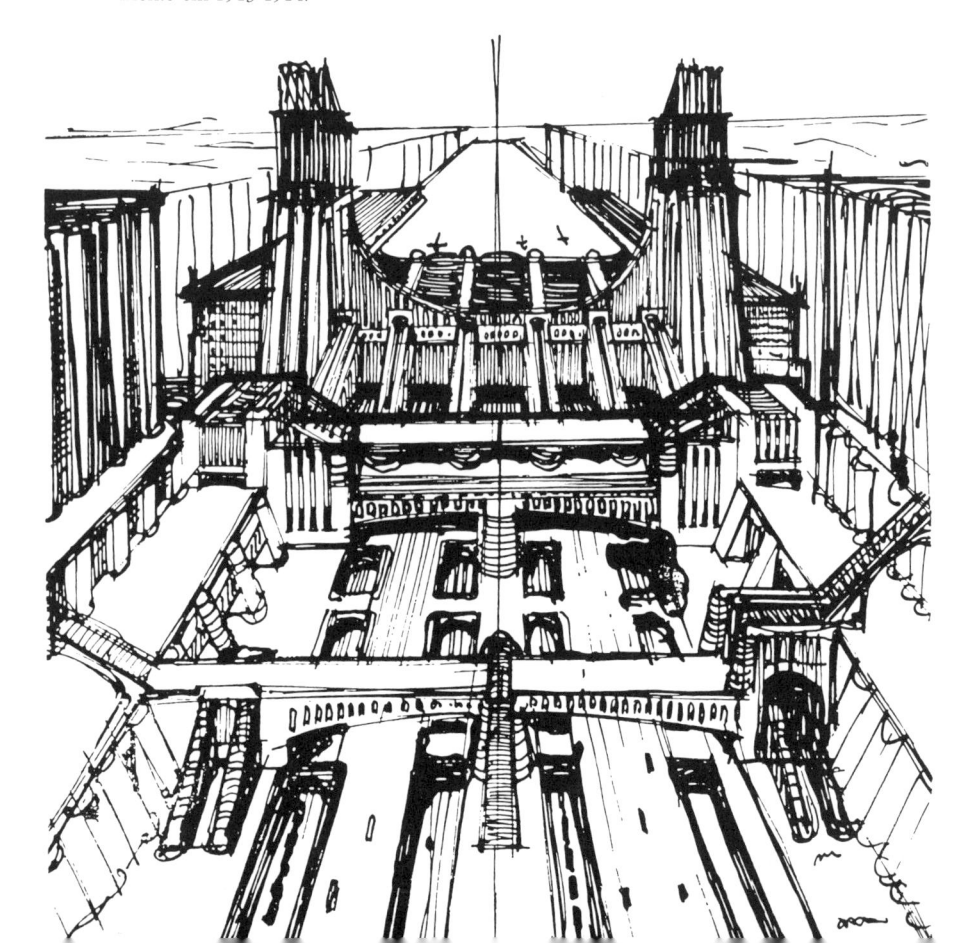

193. Arranha-céu projetado com andares recuados, de Sant'Elia, por volta de 1913. Não há ornamento.

bém, e a Dinamarca iria reunir forças até cerca de quarenta anos mais tarde, quando se tornaria um dos países mais importantes do mundo no campo do artesanato e do desenho industrial. O mobiliário e o trabalho em metal de Johan Rohde (*figs. 189, 191*) – antes um pintor, conhecido e admirador de Gauguin, Van Gogh, Toulouse-Lautrec, os Nabis, Toorop – são de grande beleza e solidez funcional. Rohde voltou-se para o design por influência de

Pont-Aven, mas percebeu logo que a introdução de figuras cheias de significado simbólico não era uma resposta ao problema do design. Sua resposta é mais próxima da de Voysey, e o armário da ilustração é tão independente de estilos passados quanto o trabalho de Voysey em sua melhor fase. O trabalho em metal de Rohde foi em grande parte feito para Georg Jensen, o ourives, e sua oficina, e a própria cutelaria de Jensen (*fig. 190*), dos mesmos anos, mostra a identidade de abordagem dos dois.

Das grandes nações da Europa, só a Itália ainda não foi mencionada. Seu papel, durante os anos aqui considerados e até 1909, foi de fato secundário, tanto na arquitetura como na pintura e na escultura. Medardo Rosso, pode-se argumentar, tinha significado internacional, e Sommaruga, D'Aronco, Cattaneo faziam seu *Floreale* tirado de elementos da Sezession de Viena e do naturalismo da Art Nouveau francesa. Mas sua mensagem não era essencialmente diferente da mensagem daqueles que o inspiraram. Os anos de 1909 a 1914 mudaram tudo. O Futurismo é um dos movimentos constituintes da revolução que estabeleceu o século XX, em termos de pensamento estético, na pintura e na arquitetura. Sem Marinetti, Boccioni, Sant'Elia, o nascente século XX não poderia ser descrito. Na arquitetura, infelizmente, a irrupção da guerra e a morte prematura de Sant'Elia, em 1916, evitaram que algo fosse efetivamente construído (*figs. 192, 193*). Como no caso da *Cité Industrielle* de Garnier, devemos recorrer aos desenhos, às visões do futuro. E Sant'Elia é, de fato, como Garnier, uma contribuição tanto ao planejamento urbano como à arquitetura. Na arquitetura ele descendia de Viena e do *Floreale*, embora outros desenhos provem que estava consciente da nova tendência retangular e do trabalho especificamente parisiense. Henri Sauvage, em 1912-1913, num bloco de apartamentos, na rua Vavin, 26, concebera a idéia de aumentar a quantidade de luz nas ruas utilizando andares progressivamente recuados (*fig. 194*). Sant'Elia adotou a idéia (ou recriou-a?), que mais tarde tornou-se parte da lei urbanística de Nova York e um princípio internacionalmente aceito. É um princípio urbano, metropolitano, e nisso reside a sua importância, assim como a importância do

194. Apartamentos de Henri Sauvage, da rua Vavin nº 26, Paris (1912-1913); andares superiores recuados e revestimento de azulejos brancos proporcionam mais luz para a rua.

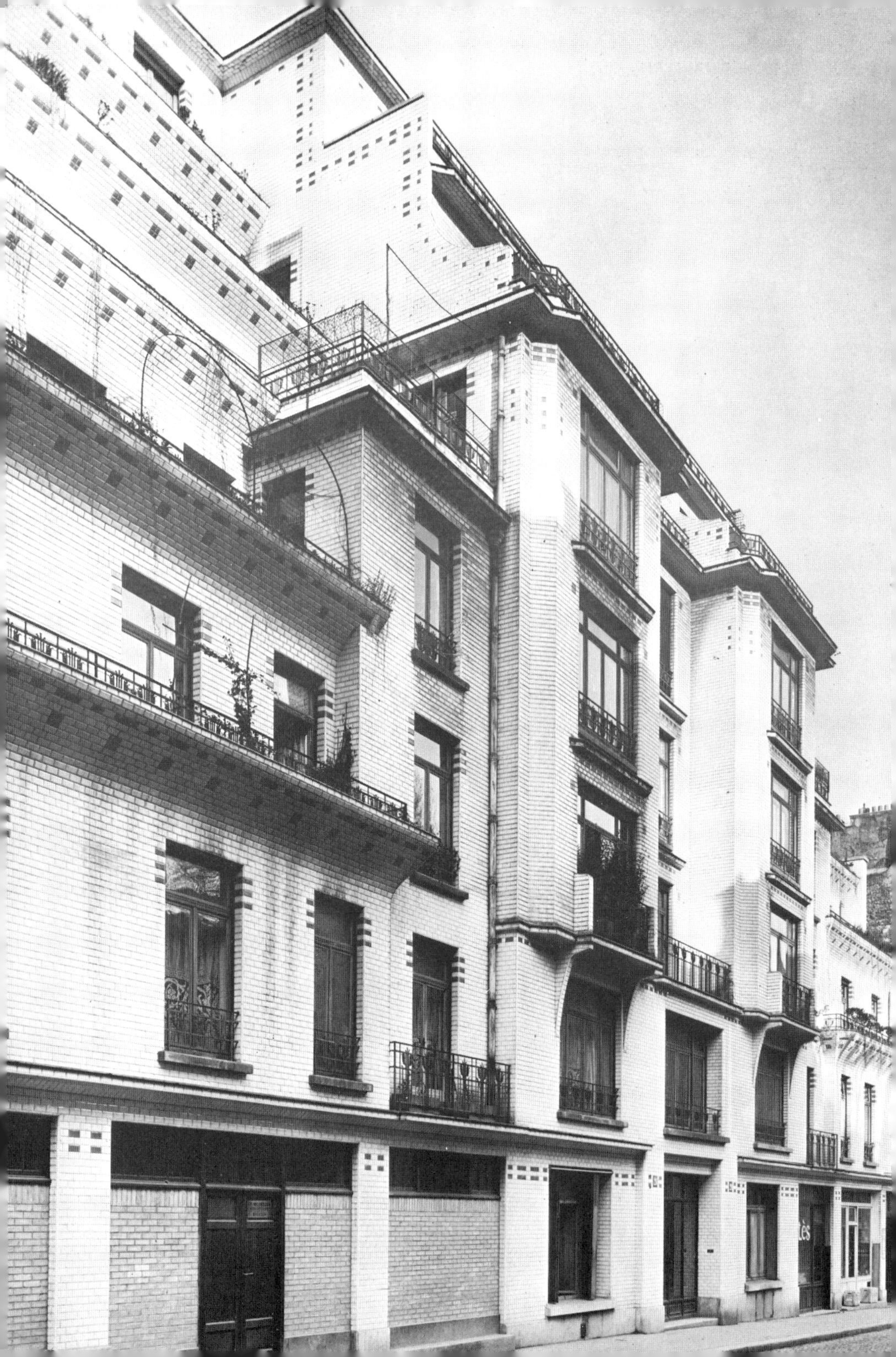

194 ORIGENS DA ARQUITETURA MODERNA E DO DESIGN

Futurismo para a arquitetura reside no compromisso passional de seus adeptos com relação à cidade.

A cidade era o problema mais urgente e mais abrangente do século XIX. Foi criminosamente negligenciado por arquitetos e por governantes. Cortar Paris através de avenidas oferecia vantagens de tráfego e proporcionava muitos pontos de vista espetaculares para a localização de prédios monumentais. Cortar os taludes dos muros de fortaleza de Viena, criar um generoso cinturão de

195. Saltaire, perto de Leeds, planejado em 1850, era o primeiro grande conjunto residencial industrial do mundo: 820 casas foram construídas numa área dominada pela fábrica, a escola e o instituto, à esquerda, e a igreja, acima da fábrica. A melhoria sanitária foi grande, com passagens de serviço entre as fileiras de casas e um parque ao longo do rio, mas a contribuição visual de Saltaire foi nula. A cidade-jardim, acima, à esquerda, é posterior.

196. Port Sunlight foi iniciado pela firma Lever em 1888, com esquema de subúrbio-jardim mais humano e arejado: casas de tijolo meio espalhadas entre as árvores, de forma que a cidade se situe em um parque.

jardins e locais ideais para edifícios públicos ainda menores não era solução. Esses arranjos urbanos tinham seus pontos estéticos – e quem não tem um impacto visual olhando a Avenue de l'Opéra ou a Rue Royale? – mas o problema real, nada promissor em termos visuais, era o de abrigar a população que em Londres (a área que em 1888 tornou-se o Condado de Londres) aumentou, entre 1801 e 1901, de menos de um milhão para aproximadamente quatro milhões e meio de habitantes, e em Manchester, de quase cem mil para quinhentos e cinqüenta mil. Da mesma forma, nada promissor em termos visuais e igualmente urgente era o problema da localização industrial. Se os arquitetos não se preocupavam com isso, os industriais se preocupavam ainda menos. Porém, Robert Owen, o industrial socialista, projetou, em 1817, uma vila modelo com fábricas e casas, como Ledoux tinha feito vinte anos antes, e

197. Na cidade-jardim de Letchworth, iniciada em 1904, Parker e Unwin pretenderam fazer em grande escala o que Shaw tinha feito, em Bedford Park, para uma elite: as casas são variantes pitorescas no estilo do *cottage* inglês, popularizado por Voysey e Baillie Scott, misturando tijolo, azulejo e reboco, em todos os tamanhos desde residências isoladas a pequenas filas de edifícios.

por volta de 1850 os primeiros industriais construíram versões mais modestas de tais esquemas, sendo a maior e mais convincente o Saltaire de *Sir* Titus Salt (*fig. 195*), perto de Leeds, que data de 1850 até 1870. A fábrica enorme domina as ruas de casas de trabalhadores, distribuídas sem imaginação, se é que, do ponto de vista estritamente higiênico, são aceitáveis. Então surgiram Morris e Norman Shaw, o primeiro com seus sermões fervorosos sobre o trabalho feliz e as obrigações sociais, e o segundo com suas belas casas de tamanho médio. E assim Bedford Park foi construído nos arredores de Londres, em 1875, como o primeiro subúrbio-jardim. Era para uma classe média com inclinações estéticas, e não para a classe trabalhadora, mas sua mensagem podia ser adaptada facilmente: façam suas casas de forma amigável, variando a aparência, com árvores no terreno. Eram lições aprendidas imediatamente, e, já em 1888, Port Sunlight (*fig. 196*) era iniciado, perto de Liverpool, para empregados da Lever, e em 1895, Bournville, para empregados da Cadbury. Nesses casos, como em Saltaire, a fábrica era parte do esquema geral. Esse princípio foi estendido e sistematizado no *Tomorrow* de Ebenezer Howard, que surgiu em 1898, e novamente em 1899 em *Garden Cities of Tomorrow* (*Cidades-jardim de Amanhã*). A palavra de ordem tinha sido cunhada: vamos deixar as cidades velhas, grandes, sujas, barulhentas, congestionadas, e vamos construir novas, em tamanho viável e escala humana, com suas próprias fábricas e escritórios, jardins e parques espaçosos.

Mas a de Howard era um plano. A primeira cidade-jardim real, Letchworth (*fig. 197*), de Parker e Unwin, cerca de trinta e cinco milhas ao norte de Londres, foi iniciada em 1904, mas em 1931 ainda não tinha mais do que quinze mil habitantes. O subúrbio de Hampstead Garden, iniciado em 1907, também projetado

198. O subúrbio-jardim tornou-se popular em toda a Europa, e foi o padrão escolhido por Richard Riemerschmid; *embaixo*, seu projeto para casas de trabalhadores têxteis em Hagen, Westphalia, de 1907, em total acordo com os princípios de Raymond Unwin.

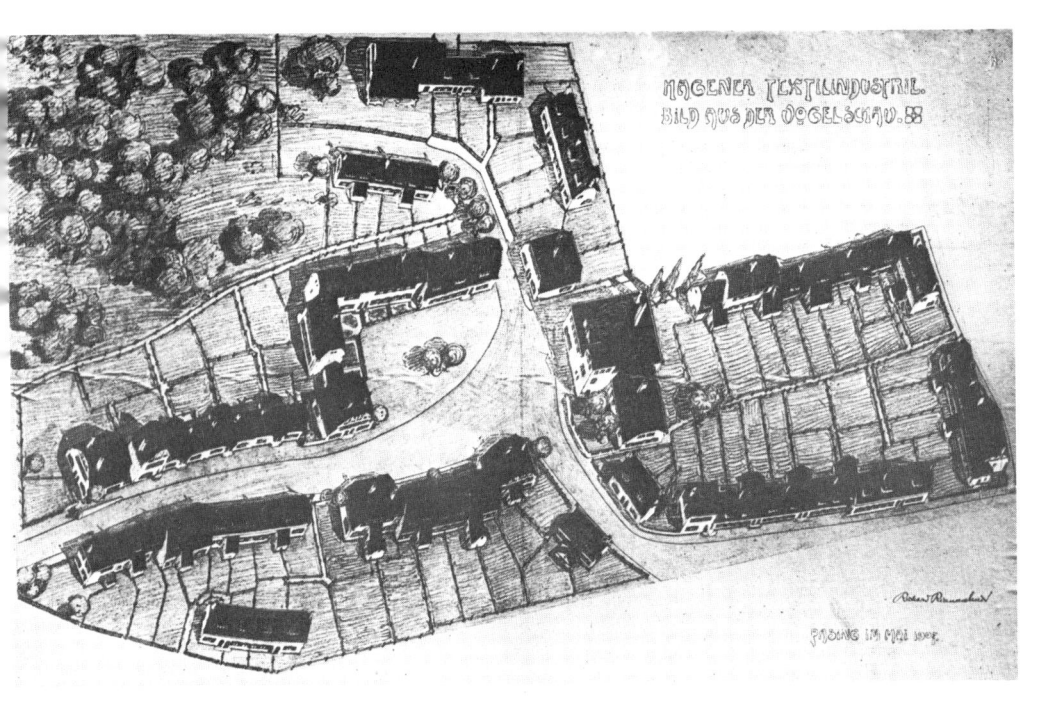

por Parker e Unwin, era um subúrbio-jardim e não uma cidade-jardim, como também um projeto de Riemerschmid de 1907 (*fig. 198*) e o Margarethenhöhe de Krupp, nos arredores de Essen, em 1912. A mensagem era muito clara. A cidade-jardim, ou o que chamamos agora de cidade-satélite, o *Trabantenstadt*, é possível, é até uma ajuda, mas não é a solução final. A cidade grande veio para ficar e devemos nos adaptar a ela. É isso que Tony Garnier foi o primeiro a ver. A *Cité Industrielle* é uma pedra de toque, tanto quanto as *Garden Cities* de Howard, porque, como já foi observado, é a ficção de uma cidade real, num local real, e porque seu projetista está tão interessado nos seus distritos comerciais e industriais como em seus edifícios públicos e casas. A contribuição de Howard foi a de um reformador social; a de Garnier foi a de um arquiteto-planejador potencial, empregado por um departamento governamental ou pela prefeitura; a contribuição dos futuristas foi o entusiasmo delirante exatamente por aquilo de que Howard estava se afastando.

Eis o que diz Marinetti e o Manifesto Futurista de 1909: "Declaramos que o esplendor do mundo foi enriquecido por uma nova beleza – a beleza da velocidade... Um carro barulhento, correndo, disparando como uma metralhadora, é mais bonito que a Vitória de Samotrácia... Cantaremos a agitação das multidões – trabalhadores, boêmios, desordeiros... Cantaremos o fervor noturno dos estaleiros brilhando com luas elétricas..." e assim por diante, com estações e fumaça de trens, fábricas, pontes, vapores e finalmente aviões. E aqui, a *Messaggio* de Sant'Elia publicada no catálogo de sua exposição *Città Nuova* e reformulada por Marinetti para ser o Manifesto da Arquitetura Futurista: "Devemos inventar e construir *ex novo* nossa cidade moderna como um imenso e tumultuoso estaleiro, ativo, móvel e dinâmico, e a construção moderna como uma máquina gigantesca... Elevadores devem subir pelas fachadas como serpentes de vidro e ferro. A casa de concreto, ferro e vidro, sem ornamento... brutal na sua simplicidade mecânica... deve-se erguer da beira de um abismo tumultuado, a rua... recolhendo o tráfego da metrópole, ligada, para as conexões necessárias, a passadiços de metal e correias de transporte de alta velocidade".

Talvez, apesar de Behrens e Gropius, o novo estilo, para vir à luz, precisasse de alguém que o desenvolvesse com lirismo. Os futuristas fizeram isso. Os expressionistas prosseguiram depois da guerra e idealizaram seus primeiros arranha-céus de aço e vidro e, finalmente, no meio do século, a síntese da cidade-jardim e da cidade metropolitana foi atingida, com cidades-jardim culminando em centros urbanos, áreas para dez mil habitantes, com arranha-céus cuidadosamente localizados, e edifícios de escritórios em vários agrupamentos circundando pátios ajardinados.

Com isso, a arquitetura deu sua maior contribuição, até então, à vida humana. A contribuição da pintura e da escultura está no mesmo nível? As chamadas belas-artes da pintura e da escultura e as chamadas artes aplicadas da arquitetura e do design estão trabalhando juntas em busca dos mesmos objetivos, encontrando a mesma espécie e intensidade de resposta? Isto se deu na Idade Média e também no Barroco. Mas esta simpatia mútua e entendimento comum não foi sempre um fato natural. O Town Hall de Amsterdam e a *Conspiração de Claudius Civilis* que Rembrandt pintou para ele não se casam um com o outro. Os que gostavam de um não gostavam necessariamente do outro, e, se gostavam, faziam-no por razões opostas. A Holanda do século XVII era uma república de classe média. Ali surgiu, pela primeira vez, a figura do artista incompreendido, desprezado e faminto. Além do mais, a Holanda era um país protestante e não tinha necessidade das artes visuais para os cultos religiosos. A segunda época da arte, que não foi bem recebida, foi a primeira época da classe média, o século XIX, incluindo também o final do século XVIII. Os desprezados tornaram-se oposição ativa; a arte, por outro lado, com Goya, Blake e Runge, adquiriu uma linguagem secreta. Se você quiser entender o artista, deve entregar-se a ele e se empenhar nisso; ele não vai mais trabalhar para você. O patronato no sentido antigo era uma coisa morta; o que o patronato deveria ser, então, era tão individual, tão exposto como o próprio evangelho do artista. Imposto, meio auto-imposto, foi o destino dos pintores de Barbizon, de Courbet, dos impressionistas e dos pós-impressionistas. Se alguma coisa aconteceu, foi o crescimento do grau de hostilidade. O desenvolvimento social da arquitetura tinha que ser diferente. Nunca pode haver um arquiteto tão isolado como um pintor. Mas enquanto essa segurança relativa era um fato gratificante para o arquiteto, não veio a beneficiar a arquitetura. Significava simplesmente que no século XIX as mentes mais rasgadamente criativas não escolhiam a profissão do arquiteto. Isto explica, numa certa medida, o fenômeno do colapso dos valores estéticos em tão grande parte do século. Também explica por que o trabalho mais progressista vinha muitas vezes de fora da profissão. A razão por ter vindo de engenheiros é que o século era materialista e, portanto, voltado para a ciência e a tecnologia. Nenhum dos séculos anteriores teve um progresso comparável nesses campos. O progresso foi feito às custas da sensibilidade estética de tipo mais sutil, que teria garantido a aceitação do Impressionismo e do Pós-Impressionismo. O Palácio de Cristal teve sucesso, mas também tiveram sucesso os horrores da arte decorativa nele expostos. A arquitetura de arquitetos e a arte acadêmica caminharam juntas, a arquitetura de engenheiros e pesquisadores e a arte de pesquisadores, não.

Mas essa afirmação talvez seja muito precipitada. Os caminhos seguidos pelos melhores pintores, pelos melhores artesãos ou fabricantes e pelos melhores arquitetos ocasionalmente se encontraram. O primeiro encontro foi mais frutífero: é o que se deu entre a pregação de Morris e a conversão de jovens pintores e arquitetos ao artesanato e ao design. Outros encontros foram muito menos significativos. Também se poderia dizer que a volta à intimidade, o afastamento do estilo bombástico era de uma natureza semelhante no English Domestic Revival e no Impressionismo na pintura, durante o mesmo período. Também poderia ser dito que a elegância do detalhe das fachadas que substitui a vulgaridade e a ostentação dos arquitetos vitorianos corresponde à elegância da pintura impressionista contra a de Courbet. Mas isso nos leva muito longe.

Com a Art Nouveau é diferente. Aqui, de fato, alguns pintores estavam de pleno acordo com os artesãos e designers. Se a Art Nouveau se caracteriza pela inovação radical e pela fixação na curva, então Gauguin certamente pertence ao movimento – como uma das ilustrações (*fig. 42*) deste trabalho já demonstrou –, e também Munch, Toorop e Hodler, e, num grau mais limitado, Maurice Denis, Valloton, o Seurat do *Circo*, o Signac do retrato de Fénéon. Mas depois disso, dos poucos anos por volta de 1900, o que aconteceu? A arquitetura foi pelo caminho de Garnier e Perret, de Loos e Hoffmann, de Behrens e Berg (*figs. 156, 163, 178*), o design foi pelo caminho da Werkbund (*figs. 168-169*), mas a pintura foi pelo caminho do Fauvismo e do Cubismo, Brücke e o Blaue Reiter, para o Futurismo e Kandinsky. É fácil ver as semelhanças de abordagem de resultado nos pratos de Bindesbøll, nos pináculos de Gaudí na Sagrada Família (*figs. 48, 108*), na cerâmica de Picasso, mas as datas não coincidem. É fácil ver como uma coisa só as pinturas cubistas geométricas e a arquitetura cubista dos anos 20 – afinal de contas Le Corbusier produziu ambas – ou os homens-máquina de Léger e os adoradores da máquina entre os arquitetos. Mas essas comparações são superficiais. Elas não atingem a mudança essencial, que é o fato de arquitetos e designers uma vez mais terem aceitado responsabilidades sociais, de a arquitetura e o design conseqüentemente terem-se tornado um serviço, e de edifícios e objetos de uso diário serem projetados não só para satisfazer desejos estéticos de seus designers mas também para preencher suas finalidades práticas de forma total e entusiástica. Pintores e escultores caminharam em sentido exatamente oposto. Afastaram-se de seu público já no século XIX. Agora cortaram o contato, sem qualquer redenção. Courbet chocou seu público por causa de sua mensagem, mas essa mensagem era muito clara para todo o mundo. Os impressionistas foram atacados pelo fato de suas pinturas não serem reconhecíveis. Mas isso era questão de hábitos visuais. Sua finalidade estética ainda era a de Ticiano e Velásquez. Só que eles tinham apenas a finalidade estética, e isso os privava da simpatia que o público lhes poderia ter, desde que o conteúdo espiritual da obra de arte o atingisse. Reatar esses contatos espirituais perdidos foi o esforço mais importante de Gauguin, Van Gogh, os simbolistas, Munch, Hodler – todos eles. Mas fracassaram, e enquanto, do desejo de Van Gogh, de que suas pinturas fossem aceitas pelo povo como os cartazes que ele lia, poderia ter havido uma ponte para os desejos dos arquitetos e dos designers com relação a um estilo para todos, não havia nada disso no Cubismo e na arte abstrata dinâmica de Kandinsky.

Gropius esperava que houvesse, e a Bauhaus fez o nobre esforço de convidar Klee e outros abstracionistas para trabalhar lá. Desde então, não foi feito nenhum esforço que tivesse sucesso. Oferecer uma parede num prédio a um artista abstrato ou um lugar num jardim a um escultor abstrato não substitui tudo isso.

Forçar um artista a um serviço social direto, contrariando sua melhor convicção estética, como é princípio do realismo socialista e era do realismo nacional-socialista, ajuda menos ainda. De fato, não há ajuda. O abismo entre Jackson Pollock e Mies van der Rohe, ou mesmo Nervi, é maior do que qualquer ponte. Este livro não é o lugar para sugerir soluções ou predizer o futuro. Basta afirmar que o mais desastroso para as artes visuais do século XX, e o mais carregado de esperanças, já estavam em plena existência na época das guerras mundiais.

Notas

1. *The True Principles of Pointed or Christian Architecture*, 1841, p. 1.
2. *Les Beaux-Arts réduits à un même principe*, 1747, p. 47.
3. *The Analysis of Beauty*, editado por Joseph Burke, Oxford, 1955, pp. 32-3.
4. A. Memmi, *Elementi dell'Architettura Lodoliana*, Roma, 1786, Vol. I, p. 62.
5. *The True Principles...*, p. 26.
6. *Journal of Design and Manufactures*, IV, 1850, p. 175.
7. *J. of Des. and Manuf.*, I, 1849, p. 80.
8. Redgrave, *Supplementary Report on Design by the Juries...*, 1852, p. 720.
9. Owen Jones, *The True and the False in the Decorative Arts*, 1863 (conferências feitas em 1852), p. 14.
10. *J. of Des. and Manuf.*, V, p. 158 e *Supplementary Report Design*, p. 708.
11. *J. of Des. and Manuf.*, IV, pp. 10, etc., e 74, etc.
12. Contado por Mrs. Stanton, citando uma das muitas cartas inéditas que aparecerão na sua monografia sobre Pugin.
13. Library Edition, XXXV, p. 47.
14. *J. of Des. and Manuf.*, IV, pp. 10, segs., e 74, segs.
15. *J. of Des. and Manuf.*, VI, p. 16.
16. *Entretiens*, I, 451.
17. *Entretiens*, I, 472.
18. *Entretiens*, II, 289.
19. *Entretiens*, I, 388.
20. *Entretiens*, I, 321.
21. *Entretiens*, II, 114.

22. *Entretiens*, II, 67
23. *Entretiens*, II, 55.
24. *Remarks on Secular and Domestic Architecture, Present and Future*, 1858, pp. 224 e 109.
25. *The Seven Lamps of Architecture*, The Lamp of Obedience, partes IV e V.
26. *Collected Works*, xxii, 315.
27. *Collected Works*, xxii, 15.
28. *Collected Works*, xxii, II.
29. J. W. Mackail, *The Life of William Morris*, World's Classics, II, 15.
30. *Collected Works*, xxii, 9.
31. *Collected Works*, xxii, 25.
32. *Collected Works*, xx, 40 e 42.
33. *Collected Works*, xxii, 40.
34. *Collected Works*, xxii, 33.
35. *Collected Works*, xxii, 42.
36. *Collected Works*, xxii, 46.
37. *Collected Works*, xxii, 26.
38. *Collected Works*, xxii, 145-6.
39. *Collected Works*, xxii, 22.
40. *Collected Works*, xxii, 23-4.
41. *Collected Works*, xxii, 47.
42. *Collected Works*, xxii, 335.
43. *Collected Works*, xxii, 48.
44. J. W. Mackail, *loc. cit.*, I, 116.
45. J. W. Mackail, *loc. cit.*, II, 24.
46. *Collected Works*, xxii, 73.
47. *Collected Works*, xxii, 41.
48. *Kindergarten Chats*, ed. de 1947, 187.
49. Citação de fonte muito antiga, o *Drawing Book of the School of Design*, do pintor romântico ou nazareno William Dyce, publicado em 1842-1843. A passagem citada foi reeditada no *Journal of Des. and Manuf.*, VI, 1852.
50. Ambas as citações tomadas de S. Tschudi Madsen: *Sources of Art Nouveau*, Oslo/Nova York, 1956. Aparecem nas pp. 177 e 178.
51. *Les Formules de la Beauté architectonique moderne*, Bruxelas, 1923, pp. 65-6.
52. *The Studio*, I, 1893, 236.
53. A única prova é uma legenda em *The Studio* de 1899, e há argumentos intrínsecos contra uma data tão prematura.
54. Citado de Madsen, *loc. cit.*, 300. As peças estão hoje no Bethanal Green Museum e são as seguintes: uma bandeja, uma mesa, uma tela

e uma cômoda de Gallé; três armários, uma mesa de chá, uma poltrona e duas bandejas de Majorelle; uma cadeira de Gaillard; um banquinho de Christiansen; três cadeiras de A. Darras; um guarda-roupa, uma armação de cama e uma cômoda de Pérol Frères; uma escrivaninha, uma poltrona, uma cadeira e um banquinho de E. Baguès; uma cadeira de Jallot, além de painéis e sofá de J. J. Graf e Spindler e uma cadeira desenhada por Eckmann para Bing.

 55. *Zweckmassig oder phantasievoll.*, citação de H. Seling e outros: *Jugendstil*, Heidelberg e Munique, 1959, pp. 417-18.

 56. *Ins Leere gesprochen*, 1897-1900, Innsbruck, 1932, p. 18.

 57. *Stilarchitektur...*, pp. 42-3; *Jahrbuch Deutschen Werkbundes*, 1913, p. 30.

 58. M. Christophe Pawlowski em seu novo livro sobre Tony Garnier (Centre de Recherche d'Urbanisme, Paris, 1967) prova que alguns dos edifícios arquiteturalmente mais impressionantes da *Cité Industrielle* não fazem parte do trabalho que Garnier fez em Roma em 1901-1904, mas foram acrescentados antes da publicação do esquema em forma de livro em 1917. Isso se aplica, por exemplo, à estação, aos salões de reunião e ao teatro. Por outro lado, a estação em primeiro plano de 1901-1904 já apresenta as extensões que só podem ser interpretadas como áreas cobertas para chegadas e partidas de carros, táxis, vagões, etc. Sendo assim, já tinham provavelmente as coberturas projetadas de concreto sobre suportes finos.

 59. Ver C. S. Whitney in *Journal of the Concrete Institute*, Vol. 49, 1953, p. 524.

 60. *Erinnerungen and Sturm und Bauhaus*, Munique, 1956, p. 154.

 61. *Moderne Architektur*, Viena, 1896, p. 41.

 62. *Reports from Committees,...* 1836, IX, pp. 29, etc.

 63. *Supplementary Report on Design*, p. 708.

 64. *Essays and Lectures*, 4ª edição, 1913, p. 178. A conferência foi proferida em 1882.

Notas biográficas

ASHBEE, Charles Robert (1863-1942). Arquiteto, designer e autor inglês, Ashbee foi discípulo de Bodley. Fundou a Guild and Schooll of Handicraft em 1888, em Londres, transferindo-a posteriormente para o campo, para Chipping Campden. Expunha regularmente nas mostras do Artes e Ofícios e também do Sezession de Viena. A Guild se desfez devido à Primeira Guerra Mundial. *Ver figs. 124, 126.*

BAKER, *Sir* Benjamin (1840-1907). Engenheiro inglês. Em 1891 iniciou sua longa sociedade com John Fowler. Juntos, foram os responsáveis pelo London Metropolitan Railway e por várias estações e pontes. Seu maior trabalho foi a Ponte Firth of Forth, por ocasião de cuja inauguração ambos foram nomeados cavaleiros. Baker também foi consultor da barragem de Assuan. *Ver fig. 146.*

BAUDOT, Anatole de (1834-1915). Arquiteto e teórico francês. Foi discípulo de Labrouste e Viollet-le-Duc. Como inspetor de monumentos históricos, empreendeu a restauração de inúmeros edifícios antigos. Como arquiteto do governo, foi o responsável por uma grande quantidade de edifícios diversos. Como professor, definiu o uso de materiais reforçados, seguindo a linha daquilo que ele próprio empregara em St. Jean de Montmartre. *Ver figs. 147-148.*

BEHRENS, Peter (1868-1940). Arquiteto, decorador, pintor, modelador, gravador e desenhista (designer) de tipos. Era alemão. Começou dentro do *Jugendstil*, mas por volta de 1904 emancipou-se do movimento e voltou-se para um estilo cubista racional. Em 1906 tornou-se consultor da A.E.G., para a qual projetou seus melhores edifícios. Tornou-se diretor da Escola de Artes Aplicadas de Düsseldorf em 1903 e professor de arquitetura da Academia de Viena em 1922. *Ver figs. 173-178.*

BERG, Max (1870-1947). Como arquiteto, projetou, para a cidade de Breslau, o Jahrhunderthalle, para a exposição de 1913. Mais tarde abandonou a arquitetura. *Ver figs. 159-160.*

BERLAGE, Hendricus Petrus (1856-1934). Arquiteto holandês, estudou com Semper, e, depois, na Itália. Deu grande importância ao uso autêntico de materiais, principalmente do tijolo. Sua influência foi mais forte na Holanda, onde publicou vários trabalhos e fez conferências. Foi encarregado de planejar a expansão de Haia (1907-1908) e Amsterdam (1913). *Ver fig. 118.*

BERNARD, Emile (1868-1941). Pintor e artesão francês. Em 1888, durante um período que passou com Gauguin em Pont-Aven, abandonou a arte acadêmica e o Impressionismo, voltando-se para o "sintetismo" e o *cloisonnism*. De 1905 a 1910 defendeu sua teoria em *La Rénovation Esthétique*. Grande parte do seu trabalho em Pont-Aven pertence à pré-Art Nouveau. Mais tarde, sua arte tornou-se mais convencional. *Ver fig. 46.*

BINDESBØLL, Thorvald (1846-1908). Designer dinamarquês. Arquiteto por formação, Bindesbøll desenhou mobílias, pratarias, trabalhou em couro, etc. No entanto, é mais importante por sua cerâmica artística. Sob a influência da arte oriental, desenvolveu um estilo bem individual, que é abstrato e independente, de uma espontaneidade intemporal. *Ver figs. 47-48.*

BOUSSIRON, Simon (1873-1958). Engenheiro francês. Começou a trabalhar no escritório de Eiffel, mas saiu em 1899, e passou o resto de sua vida explorando o uso do concreto armado. *Ver fig. 157.*

BUNNING, James B. (1802-1863). Em 1843 foi nomeado fiscal das obras da cidade de Londres. Construiu o Coal Exchange, e também a Holloway Prison, em 1852, e o Metropolitan Cattle Market (Caledonian Market) em 1855. *Ver fig. 4.*

CHARPENTIER, Alexandre (1856-1909). Escultor e designer francês. Charpentier foi membro do grupo *Les Cinq* e, depois, do grupo *Les Six*. Ficou famoso pelas suas mobílias e pelas placas de bronze que utilizava freqüentemente, tanto em mobílias como em encadernações de livros. *Ver fig. 76.*

CONTAMIN, V. (1840-1893). Engenheiro francês. Colaborou com Dutert na construção da famosa Halle des Machines, da Exposição Internacional de Paris de 1889. Essa obra selou o triunfo do ferro e do aço na construção moderna e difundiu o conhecimento de suas múltiplas possibilidades. *Ver fig. 7.*

CRANACH, Wilhelm Lucas von. Pintor alemão, fazia retratos e paisagens. Também fez modelos de castelos. Sob a influência do russo Julovsky criou *objets d'art*. *Ver fig. 65.*

NOTAS BIOGRÁFICAS 209

DAUM, os irmãos Auguste (1853-1909) e Antonin (1864-1930). Vidreiros franceses. Estimulados pelo sucesso de Gallé na Exposição de Paris de 1889, começaram a produzir objetos de vidro na sua oficina em Nancy. Depois da Exposição de Chicago, em 1893, seu trabalho alcançou reputação internacional. *Ver figs. 69, 73.*

DUTERT, Ferdinand (1854-1906). Arquiteto francês. Discípulo de Lebas e Ginain, Dutert preocupou-se com o uso racional do ferro na construção. *Ver fig. 7.*

ECKMANN, Otto (1865-1902). Tipógrafo e designer alemão. Em 1894, adotou o *Jugendstil* em suas criações tipográficas. Na sua versão da Art Nouveau destacam-se as formas vegetais. Em 1895-1897 colaborou com a revista *Pan*. A estrutura de seus móveis é bem característica. *Ver figs. 59, 60, 79.*

EIFFEL, Gustave (1832-1923). Engenheiro francês. Tornou-se famoso principalmente pelo uso que fez do ferro e do aço. Graças à combinação de precisão de cálculo e aguçado senso de função, o trabalho de Eiffel constitui a linha-mestra do desenvolvimento da arquitetura racionalista na França. *Ver figs. 144-145.*

ENDELL, August (1871-1925). Designer alemão. Estudou filosofia e era um artista autodidata. Inicialmente, inspirou-se em Obrist. Em 1896 construiu o Ateliê Elvira, em Munique. Mais tarde foi diretor da Academia de Breslau. *Ver figs. 83, 87, 89.*

FOWLER, *Sir* John (1817-1898). Engenheiro inglês, mais conhecido por seus trabalhos em estradas de ferro. Estabeleceu seu próprio escritório em 1844, e tornou-se engenheiro da London Metropolitan Railway. Em 1865 tornou-se presidente do Institute of Civil Engineers – o mais jovem presidente até então. Trabalhou com Baker na Ponte Firth of Forth, terminada em 1887. A partir de 1871, foi conselheiro para assuntos de engenharia do quediva Ismail do Egito. *Ver fig. 146.*

GAILLARD, Eugène (1862-1933). Designer de mobílias. Era francês. Foi um dos colaboradores de Samuel Bing. *Ver fig. 77.*

GALLÉ, Emile (1846-1904). Artesão e designer francês. Depois de ter terminado brilhantemente seus estudos acadêmicos, trabalhou na oficina de cerâmica e vidro de seu pai. Participou da Exposição de 1878, na qual se tornou conhecido pelo seu domínio técnico e por sua originalidade. Foi um dos expoentes da Art Nouveau, sendo suas especialidades o vidro e as mobílias. *Ver figs. 36, 38, 74.*

GARNIER, Tony (1869-1948). Arquiteto, engenheiro e teórico francês. Garnier ganhou o Prêmio de Roma em 1899. Enquanto estava na Itália, projetou a sua *Cité Industrielle*. Em 1904, Edouard Hériot, o novo prefeito de Lyons, cidade natal de Garnier, descobriu-o e confiou-lhe o departamento municipal de obras. *Ver figs. 153-156.*

GAUDÍ Y CORNET, Antoni (1852-1926). O mais importante arquiteto da Art Nouveau. A maior parte de seus edifícios localiza-se em Barcelona, e são mencionados no texto. As suas primeiras obras mais importantes são a Casa Vicens, de 1878, e o Palácio Güell, de 1844-1889. As obras de sua maturidade são a igreja de Sta. Coloma de Cervelló (iniciada em 1898), o Parque Güell (iniciado em 1903), a Casa Batlló e a Casa Milá (iniciada em 1905). Viveu uma vida modesta, retraída, inteiramente dedicada ao seu trabalho. *Ver figs. 51, 81-82, 84-86, 103-110.*

GAUGUIN, Paul (1848-1903). Foi bancário e abandonou a profissão para dedicar-se inteiramente à pintura. Colaborou nas últimas mostras impressionistas. Em 1886 passou um primeiro período em Pont-Aven. Ansioso por se afastar da civilização moderna, partiu para a Martinica em 1887. Durante uma segunda estada em Pont-Aven, com Emile Bernard e outros, desenvolveu um estilo de bidimensionalidade semelhante à da tapeçaria, com cores simples e sem nuances, aproximando-se às vezes da Art Nouveau, às vezes do Expressionismo da década de 1920. Também fez esculturas de tipo deliberadamente primitivo. Em 1888 permaneceu durante alguns meses em Arles com Van Gogh. Voltou então a Pont-Aven, mas em 1891 partiu definitivamente para viver no Taiti. Uma última visita à França (de agosto de 1893 a fevereiro de 1895) precedeu sua estada final no Taiti, de onde só saiu para a solidão ainda maior das ilhas Marquesas, onde morreu. *Ver figs. 39-43.*

GILBERT, Alfred (1854-1934). Escultor. Entre suas obras mais famosas estão o Clarence Memorial em Windsor (iniciado em 1892) e o Shaftesbury Memorial Fountain (*Eros*), em Piccadilly. Já na década de 1880 seu estilo se aproxima da Art Nouveau, mas é inteiramente pessoal. *Ver figs. 49-50.*

GIMSON, Ernest (1864-1920). Artesão e designer inglês, estudou arquitetura de 1881 a 1884. Aconselhado por William Morris, ligou-se a J. D. Sedding, permanecendo com ele de 1886 a 1888. A partir de 1901, fez designs de mobílias e peças de metal. Seus designs eram executados por um grupo de artesãos em Cirencester, e posteriormente em suas próprias oficinas, as Daneway House Workshops. *Ver fig. 123.*

GROPIUS, Walter (1883-1969). Estudou arquitetura em Munique e Berlim, de 1903 a 1907. Em 1919 sucedeu a Van de Velde em Weimar, na escola de arte que ele converteu na famosa Bauhaus. A Bauhaus, com um corpo docente composto por homens como Klee, Kandinsky, Feininger, Schlemmer e Moholy-Nagy, tornou-se rapidamente um dos maiores centros do Movimento Moderno Internacional. Transferiu-se para Dessau em

1925. Gropius deixou-a em 1928 e foi substituído por Mies van der Rohe. Em 1933, a escola se dissolveu, e seus membros se dispersaram em face da tormenta nazista. Gropius partiu, como refugiado, primeiro para a Inglaterra e depois para os Estados Unidos, onde foi professor em Harvard. Foi um dos criadores do estilo do século XX, que já aparece completo na sua fábrica Fagus, em 1911. Também foi autor dos mais impressionantes discursos sobre as funções sociais e as responsabilidades do arquiteto. Morreu em Boston em 1969. *Ver fig. 179.*

GUIMARD, Hector (1867-1942). Arquiteto e decorador francês. Adotou as idéias da Art Nouveau, da qual foi um dos principais representantes na França. Foi responsável pelas famosas entradas do metrô de Paris. Também projetou inúmeras construções na região oeste de Paris, sendo a principal o Castel Béranger, de 1897-1898. *Ver figs. 97-102.*

HENNEBIQUE, François (1842-1921). Engenheiro francês. Foi empreiteiro em Courtrai e Bruxelas, antes de ir para Paris. De 1879 a 1888 trabalhou na combinação do ferro com o concreto, tirando patentes em 1892. Tornou-se o principal projetista e empreiteiro de concreto armado na França. Suas fábricas da década de 1890 são construções de traves e vigas horizontais e verticais, diretas e nítidas. Mas a casa que construiu para si mesmo, em 1904, é uma construção disparatada, para exibir as virtudes do concreto. *Ver fig. 149.*

HOENTSCHEL, Georges (1855-1915). Projetista e decorador francês. Hoentschel foi incumbido de projetar o pavilhão da Union Centrale des Arts Décoratifs na Exposição de 1900. *Ver fig. 67.*

HOFFMANN, Josef (1870-1956). Arquiteto e projetista de interiores austríaco. Discípulo de Otto Wagner, Hoffmann foi um dos fundadores da Sezession vienense. Em 1903 co-fundou a *Wiener Werkstätte*, e inspirou-a durante os trinta anos seguintes. Começou na Art Nouveau, mas por volta de 1900-1901 afastou-se dela para um estilo de quadrados e retângulos, amplamente inspirado em Mackintosh. Seu Convalescent Home em Purkersdorf, de 1903, nos mostra esse estilo já plenamente desenvolvido. O Palácio Stoclet em Bruxelas, de 1905, demonstrou pela primeira vez que, dentro do estilo do século XX, também era possível realizar monumentalidade e elegância requintada. *Ver figs. 141, 163-165.*

HOLABIRD, William (1854-1923). Arquiteto americano da Chicago School, recebeu formação de W. Le Baron Jenney, e depois no escritório de Burnham & Root. Tendo como parceiro Martin Roche, foi o pioneiro do emprego estrutural e expressivo da estrutura de aço em edifícios de escritórios, criando janelas grandes e largas com centro fixo e laterais móveis para melhor ventilação ("Chicago windows", "janelas de Chicago"). *Ver fig. 24.*

HORTA, Victor (1861-1947). Arquiteto belga. Construiu suas primeiras casas em 1886. Três anos mais tarde começou a usar ferro na construção arquitetônica, o que lhe permitiu introduzir curvas tanto nos interiores quanto nos exteriores. Suas obras-chave foram o Hotel Tassel de 1892, o Hotel Solvay de 1895, e a Maison du Peuple de 1896-1899, todas em Bruxelas. Mais tarde abandonou a originalidade Art Nouveau, revelada nesses edifícios, e voltou ao classicismo. *Ver figs. 88, 90-95.*

JENSEN, Georg (1866-1935). Ourives dinamarquês, Jensen também era escultor e ceramista. Depois de uma permanência em Paris (1900-1901), começou a fazer jóias em colaboração com Magnus Ballin. Por volta de 1904, começou a se fixar em pratarias. Sua fama difundiu-se quase imediatamente, tornando-se internacional em 1910. *Ver figs. 190-191.*

KLIMT, Gustav (1862-1918). Pintor austríaco. Depois de um início convencional, começou subitamente, em 1899, um estilo Art Nouveau, com características próprias. Participou ativamente na Sezession de Viena, e tornou-se seu diretor. A relação entre decoração e arquitetura foi uma de suas maiores preocupações, e sua influência sobre as artes decorativas na Áustria foi considerável. Na pintura, inspirou Kokoschka e Schiele. Seu *magnum opus* em decoração são os mosaicos no Palácio Stoclet, de Hoffmann. *Ver figs. 164, 166.*

KOEPPING, Karl (1848-1914). Pintor e designer de vidro. Era alemão. Depois de ter estudado química, voltou-se para a pintura em 1869. A partir de 1896, contribuiu para a revista *Pan*. Colecionava *objets d'art* japoneses, inspirando-se na sua coleção para fazer seus vasos de vidro, principal motivo de sua fama. *Ver fig. 71.*

LABROUSTE, Henri (1801-1875). Arquiteto francês. Recebeu o Prêmio de Roma quando tinha vinte e três anos de idade, e permaneceu cinco anos na Itália. Tornou-se líder da escola racionalista, opondo-se à Academia. O uso que fez do ferro à vista no interior da Biblioteca Ste. Geneviève em Paris, em 1843-1850, iniciou uma revolução na arquitetura. *Ver fig. 5.*

LALIQUE, René (1860-1945). Joalheiro e vidreiro francês. Lalique estudou na Beaux-Arts, em Paris, onde fundou suas oficinas de trabalho em vidro. Suas formas e designs eram baseados em motivos florais. Colaborou com Samuel Bing. *Ver figs. 63, 64, 66.*

LEMMEN, Georges (1865-1916). Pintor e designer gráfico. Era belga, filho de um arquiteto. Em 1899 ligou-se ao *Les Vingt*, depois ao *Libre Esthétique*, desenhando pontes e expondo seu próprio trabalho. Colaborou com Van de Velde e Van Rysselberghe no ressurgimento das artes decorativas na Bélgica. *Ver fig. 57.*

NOTAS BIOGRÁFICAS 213

LETHABY, William Richard (1857-1931). Arquiteto inglês. Escreveu livros de grande importância sobre a teoria e história da arquitetura. Juntamente com *Sir* George Frampton, foi responsável pelo estabelecimento da Central School of Arts and Crafts, que dirigiu de 1893 a 1911. Projetou o Eagle Insurance Building em Birmingham em 1900, e a Igreja de Brockhampton em 1900-1902. *Ver fig. 121.*

LEVEILLÉ, Ernest Baptiste. Artesão francês, trabalhava em cerâmica e vidro. Foi discípulo de Rousseau. Em 1889 ganhou medalha de ouro na *Exposition Universelle. Ver fig. 37.*

LOOS, Adolf (1870-1933). Arquiteto austríaco. Estudou em Dresden e depois visitou os Estados Unidos. A partir de 1897 adotou um estilo que evitava qualquer ornamento e tentava obter efeitos através da articulação de planos e do uso de materiais bonitos. Loos não foi um arquiteto de sucesso, e seus edifícios são muito poucos. De 1922 a 1927 morou em Paris e, depois, voltou para Viena. *Ver fig. 167.*

LUTYENS, *Sir* Edwin Landseer (1869-1944). Arquiteto inglês. Inicialmente sua arquitetura foi influenciada por Shaw, Voysey e pelo Artes e Ofícios, revelando, no entanto, um tipo de ousadia que o caracteriza. A partir de 1906 voltou-se para o "Paladianismo" e o "Neogeorgianismo". Arquiteto de Nova Delhi, do edifício da Embaixada Britânica em Washington e o Cenotaph em Whitehall. *Ver fig. 118.*

MACDONALD, as irmãs Margaret (1865-1933) e Frances (1874-1921). Artesãs inglesas. Margaret Macdonald era designer e fazia trabalhos em metal, vidro colorido e bordados. Em 1900, casou-se com Charles Rennie Mackintosh e colaborou com ele em muitos dos seus trabalhos. As duas irmãs estudavam na Glasgow School of Art, da qual Frances foi professora a partir de 1907. Às vezes trabalhava sozinha e, às vezes, em colaboração com sua irmã. Em 1889 casou-se com J. H. McNair, colaborando com ele no design de mobílias e vidro colorido. *Ver figs. 127-129.*

MACKINTOSH, Charles Rennie (1868-1928). Arquiteto e designer escocês. Estudou na Glasgow School of Art. Assistente e, mais tarde, sócio da firma de Honeyman e Keppie. Com a encomenda que recebeu, em 1897, para construir a Glasgow School of Art, ganhou fama. Suas obras principais situam-se todas entre 1897 e cerca de 1905. São elas Windyhill, Kilmacolm (1899-1901), Hill House, Helensburgh (1902-1904), salões de chá para Miss Cranston (1896-1911) e a Scotland Street School (1904-1905). Mackintosh e seu grupo expuseram em Viena em 1900 e em Turim em 1902. *Ver figs. 127-128, 130-139, 142-143.*

MACKMURDO, Arthur Heygate (1851-1942). Arquiteto e designer inglês. Mackmurdo viajou com Ruskin para a Itália. Em 1882 fundou a Century Guild, e, dois anos mais tarde, fundou o jornal *Hobby Horse.* A partir de cerca de 1883 fez designs de mobílias, papéis de parede, tecidos e trabalho em metal. Em 1904 abandonou a arquitetura para dedicar-se inteiramente a teorias sociais. *Ver figs. 27, 29-30, 32-33, 111-113.*

MAILLART, Robert (1872-1940). Engenheiro suíço, inventor dos "pilares em cogumelo", que unem num mesmo elemento a função de resistência e apoio. Em 1901 começou a aplicar seus princípios em pontes que o tornaram famoso. *Ver fig. 158.*

MAJORELLE, Louis (1859-1929). Inglês, designer de mobílias. Depois de estudar em Paris, Majorelle assumiu a oficina de cerâmica de seu pai. O sucesso de Gallé levou-o a abandonar a fase de imitação pelo trabalho original. Suas peças mais interessantes datam da época da Exposição de Paris, de 1900. *Ver fig. 75.*

MORRIS, William (1834-1896). Designer, artesão, poeta e reformador social inglês. Origem do ressurgimento do artesanato e do senso das responsabilidades sociais do artista e do arquiteto. Morris inspirou-se, inicialmente, em Ruskin. Começou a se interessar por artesanato e design quando construiu uma casa para si, em 1859. Sua firma foi fundada em 1861, e em 1877 iniciou uma longa série de conferências sobre arte e problemas sociais. Sua influência foi imensa. O último tipo de trabalho manual a que se dedicou foi a arte do livro (Kelmscott Press, fundada em 1890). *Ver figs. 8, 10-12, 29, 72.*

NYROP, Martin (1849-1925). Arquiteto dinamarquês. Nyrop usou motivos tradicionais, fazendo experiências com o uso do ferro fundido. *Ver fig. 120.*

OBRIST, Hermann (1863-1927). Escultor e designer suíço. Estudou primeiro ciência e depois arte, inclusive escultura. Em 1892 iniciou uma oficina de bordados em Florença, transferindo-a para Munique em 1894. Foi um dos fundadores da *Vereinigte Werkstätten für Kunst und Handwerk* em Munique. Seus trabalhos são poucos, mas exerceram grande influência. No campo da escultura, sua peça mais importante é o modelo para um monumento feito por volta de 1900. *Ver fig. 54.*

OLBRICH, Joseph Maria (1867-1908). Arquiteto, artesão e ilustrador de livros austríaco. Viajou para Roma e para a Tunísia, estudando, depois, com Otto Wagner, em Viena. Com Klimt, fundou a Sezession, projetando seu edifício. Foi chamado pelo Grão-Duque de Hesse a Darmstadt, onde projetou a colônia de artistas Mathildenhöhe. *Ver fig. 140.*

OUD, Jacobus Johannes Pieter (1890-1963). Arquiteto holandês, membro do *De Stijl*. Especializou-se em projetos de casas (por exemplo, como arquiteto da cidade de Rotterdam, em 1918). Foi pioneiro do International Style, admirando o funcionalismo e a autenticidade de materiais de Berlage. Mais tarde renunciou ao funcionalismo estrito, mas continuou preocupado com as necessidades humanas em termos de arquitetura. *Ver fig. 188.*

PARKER, Barry. Ver UNWIN, *Sir* Raymond.

PAXTON, *Sir* Joseph (1801-1865). Horticultor inglês. Em 1826 tornou-se superintendente dos jardins do duque de Devonshire, em Chatsworth. Em 1836 começou a construir uma grande estufa de 91 metros de comprimento, que foi terminada em 1840. Isso tornou possível a Paxton, em 1850, projetar um edifício inteiro em vidro e ferro para a Grande Exposição do Palácio de Cristal. Esse foi o primeiro edifício construído pela técnica da pré-fabricação. *Ver fig. 1.*

PERRET, os irmãos Auguste (1874-1954) e Gustave (1875-1952). Construtores franceses, isto é, contratavam a execução de projetos arquitetônicos. Foram os primeiros a usar concreto armado na arquitetura de edifícios particulares, desenvolvendo sua utilização com função tanto estética como estrutural. No entanto, não exploraram as possibilidades de utilização do concreto em vãos extensos ou balanços. Sua visão da arquitetura ainda era a dos estilos clássicos de traves e vigas horizontais e verticais. As suas obras principais são a casa da rua Franklin, de 1902, a garagem da rua de Ponthier, de 1905, a igreja de Notre Dame em Raincy, de 1922-1923, e os novos edifícios em le Havre, construídos a partir de 1945, como parte de um plano de reconstrução. *Ver figs. 150-152.*

PRIOR, Edward Schroder (1852-1932). Arquiteto inglês, o mais original do grupo Artes e Ofícios. Professor em Cambridge de 1912 a 1932. Também produziu alguns livros importantes sobre arquitetura medieval inglesa. *Ver fig. 117.*

PROUVÉ, Victor (1858-1943). Pintor, gravador, escultor e decorador francês. Estudou em Nancy e Paris, e, em seguida, trabalhou para Gallé. Quando Gallé morreu, foi nomeado diretor da Escola de Nancy, onde continuou seu trabalho até depois da Primeira Guerra Mundial. *Ver figs. 62, 68, 73.*

RICHARDSON, Henry Hobson (1838-1886). Arquiteto americano, estudou na Beaux-Arts de Paris e trabalhou para Labrouste antes de voltar para os Estados Unidos. Construiu igrejas, escritórios, edifícios públicos e casas num sólido estilo românico livre (a exceção é a Stoughton House, em Cambridge, Mass., feita de ripas). Edifícios de escritórios, tais como o Marshall Field Wholesale Store, em Chicago (1885-1887), influenciaram a Chicago School. *Ver fig. 20.*

RIEMERSCHMID, Richard (1868-1957). Pintor alemão. Depois, arquiteto. Em 1897, foi um dos fundadores da *Vereinigte Werkstätten für*

216 ORIGENS DA ARQUITETURA MODERNA E DO DESIGN

Kunst und Handwerk e participou da Exposição de Paris de 1900. Foi diretor da Escola de Artes Decorativas de Munique de 1912 a 1924, e, em 1926, tornou-se diretor da *Werkschule* de Colônia. Sua realização arquitetônica mais importante foi o interior da *Schauspielhaus* de Munique (1901). Seus designs de mobílias estão entre os mais avançados da época. *Ver figs. 80, 168-169, 170-171, 198.*

RIETVELD, Gerrit Thomas (1888-1964). Arquiteto e designer de mobílias holandês. Formando-se primeiro como marceneiro, depois como arquiteto, ligou-se ao *De Stijl* e, ao longo de sua carreira, manteve interesse por projetos de interiores. *Ver figs. 186-187.*

ROCHE, Martin (1855-1927). Arquiteto americano, recebeu formação em Chicago, por W. Le Baron Jenney. Como sócio de William Holabird, especializou-se em interiores. *Ver fig. 24.*

ROHDE, Johan (1856-1935). Designer dinamarquês. Inicialmente era pintor. Consideravelmente influenciado por Maurice Denis, voltou-se, mais tarde, para o design de mobílias e prataria. Colaborador de Jensen, teve uma influência decisiva sobre o design dinamarquês. *Ver figs. 189, 191.*

ROUSSEAU, Eugène (1827-1891). Artesão francês, trabalhava em cerâmica e vidro. Os trabalhos de Rousseau são muito menos conhecidos do que mereceriam ser. Suas obras de meados da década de 1880 estão entre as mais arrojadamente originais da Europa. *Ver figs. 34, 35.*

SANT'ELIA, Antonio (1880-1916). Arquiteto e teórico italiano. Seus trabalhos iniciais foram influenciados pela Escola de Viena. Era fascinado pela cidade, e expôs sua visão do futuro, a *Città Nuova*, em Milão em 1914. Socialista, nunca compartilhou inteiramente os objetivos do Futurismo, ao qual seu nome está associado. Foi morto na Primeira Guerra Mundial, e só um de seus projetos foi executado, uma casa em Como. *Ver figs. 192-193.*

SAUVAGE, Henri (1873-1932). Arquiteto francês. Sauvage colaborou com Frantz Jourdain na construção da loja Samaritaine. Foi responsável por muitos edifícios modernos em Paris, inclusive a casa da rua Vavin nº 26, em 1912-1913. *Ver fig. 194.*

SEHRING, Bernhard (1855-1932). Arquiteto alemão. Sehring é conhecido principalmente pelos teatros que construiu, como, por exemplo, os de Düsseldorf, Bielefeld e Berlim. Mas seu edifício mais interessante é a Loja Tietz na Leipziger Strasse, em Berlim, de 1898, com grandes extensões inteiramente em vidro. *Ver fig. 96.*

SHAW, Richard Norman (1831-1912). Ao lado de Webb, o principal reformador da arquitetura doméstica na Inglaterra. Seu estilo inspirou-se no vernáculo inglês do século XVII dos Home Counties, na arquitetura holandesa do século XVII e nos estilos ingleses William and Mary e Queen Anne. Sua influência foi ampla e intensa. Seu estilo completou-se por volta de 1866-1867 (Glen Andred, também a igreja de Bingley), mas atingiu o seu clímax em meados da década de 1870 com as New Zealand Chambers na Leadenhall Street em Londres, sua própria casa em Hampstead, a Swan House em Chelsea e casas de campo, como Adcote. Por volta de 1890 ele mudou de linha e se tornou clássico e, ao mesmo tempo, mais grandioso do que fora até então (Chesters 1891, Piccadilly Hotel, 1905). *Ver figs. 14, 16, 17.*

SULLIVAN, Louis (1856-1924). Arquiteto americano, estudou na Ecole des Beaux-Arts em Paris, sob a direção de Vaudremer. Foi um verdadeiro precursor da arquitetura moderna, apesar de sua importância real só ter sido reconhecida depois de sua morte. Frank Lloyd Wright foi orientado por ele de 1887 a 1893. As obras-chave de Sullivan são o Auditorium Building, em Chicago (1887-1889), notável principalmente por seus ornamentos esvoaçantes, o Wainwright Building em St. Louis (1890) e o Guaranty Building em Buffalo (1894-1895). O seu apogeu é a Loja Carson Pirie Scott em Chicago, de 1899-1904. *Ver figs. 23, 25-26, 182.*

TAUT, Bruno (1880-1938). Arquiteto alemão. Seu edifício de apresentação de 1914 é, de longe, sua obra mais ousada. Mais tarde, passou a fazer, por pouco tempo, projetos dentro do espírito do então poderoso Expressionismo alemão. Logo, no entanto, alinhou-se com o grupo, de Berlim, daqueles que acreditavam no Moderno Internacional (conjuntos habitacionais, Berlim, especialmente o conjunto Britz). Tornou-se arquiteto da cidade de Magdeburg, lá introduzindo cores fortes nas fachadas dos edifícios. Em 1932 foi convidado para ir a Moscou, e, de lá, foi ao Japão. Finalmente, foi professor em Istambul. *Ver figs. 180-181.*

TELFORD, Thomas (1757-1834). Engenheiro civil inglês. Filho de um pastor, aprendeu, inicialmente, o ofício de pedreiro. Mais tarde, tornou-se superintendente do Condado de Shopshire. Ficou famoso como construtor de canais, aquedutos, estradas e pontes, tanto na Inglaterra como na Escócia. Em 1820 tornou-se o primeiro presidente do Institute of Civil Engineers. *Ver fig. 3.*

TIFFANY, Louis Comfort (1848-1933). O mais famoso artesão, designer e empresário americano do Artes e Ofícios. Seu pai era proprietário de uma loja, famosa pela sua elegância, que incluía uma seção de pratarias. O filho estabeleceu-se por conta própria em 1879. Rapidamente ficou conhecido por seu trabalho de decoração de interiores, vidro colorido (a Tiffany Glass Company foi constituída em 1886) e, depois, por seu requintado Favrile Glass, lançado em 1894, logo adotado por Bing, em Paris. Enquanto o Favrile é totalmente original, os interiores de Tiffany mostram a influência de Morris e dos estilos cristão primitivo e românico italiano. *Ver fig. 70.*

UNWIN, *Sir* Raymond (1863-1940) e PARKER, Barry (1867-1947). Arquitetos e urbanistas ingleses. Em 1904 receberam a encomenda para planejar Letchworth, a primeira cidade-jardim, e, em Paris, em 1907, o subúrbio-jardim de Hampstead. O livro *Town Planning in Practice*, de Raymond Unwin, influenciou muito sua própria geração e a geração seguinte. *Ver fig. 197.*

VALLIN, Eugène (1856-1922). Designer francês de mobílias e fachadas (para o arquiteto Biet). Vallin fez seu aprendizado em Nancy. Produziu grande quantidade de igrejas góticas e neogóticas, sob influência incontestável de Viollet-le-Duc. Em 1895 libertou-se da sua fase de imitação e voltou-se para a Art Nouveau de Nancy. Sua mobília contrabalança curvas abstratas e motivos da natureza. *Ver fig. 73.*

VAN DE VELDE, Henri (1863-1957). Na Bélgica, iniciou sua carreira como pintor, mas, por volta de 1893, voltou-se para a arquitetura e o artesanato. Em 1896, Bing pediu-lhe que mobiliasse uma sala na sua loja "L'Art Nouveau", e em 1897 ele expôs em Dresden. Seu sucesso na Alemanha foi tal, que em 1899 ele se estabeleceu lá. Em 1901 foi chamado para Weimar como consultor do Grão-Duque. Em 1906 tornou-se diretor da Escola de Artes Aplicadas de Weimar, que, mais tarde, transformou-se na Bauhaus. Suas obras principais são o Teatro Werkbund, em Colônia (1914), e o Museu Kröller-Müller, em Otterlo (1937-1953). É igualmente importante como escritor teórico. Começou a deixar de fazer teoria em 1894, tendo, já nessa época, demonstrado seu estilo abstrato, linear, rígido, em ilustrações de livros. *Ver figs. 44, 53, 58, 78.*

VIOLLET-LE-DUC, Eugène Emmanuel (1814-1879). Arquiteto e teórico francês. Foi o principal restaurador europeu de edifícios históricos, mas também projetou igrejas e apartamentos. Seus escritos eram menos tradicionalistas e tiveram influência muito maior do que seu trabalho. *Ver fig. 52.*

VOYSEY, Charles F. Annesley (1857-1941). Voysey é o mais importante arquiteto e designer inglês da geração posterior a Morris. Foi discípulo de Seddon e, depois, de Devey. Na década de 1880 desenhou papéis de parede e tecidos. A partir de 1889, fez projetos de casas de campo, todas elas confortáveis, informais, e aderindo, só em linhas muito gerais, ao historicismo, isto é, o estilo vernáculo Tudor. Os designs de Voysey, executados por fábricas e não por artesãos, são de grande pureza e nitidez, e tiveram grande influência em todo o continente. *Ver figs. 55-56, 114-116, 122, 125.*

NOTAS BIOGRÁFICAS 219

WAGNER, Otto (1841-1918). Quando foi nomeado professor da Academia de Viena, em 1894, Wagner já era bastante conhecido como arquiteto inspirado pelo Renascimento italiano. Seu livro *Moderne Architektur* baseou-se na sua aula inaugural e tornou-se um clássico da revolução arquitetônica. Seus edifícios do período entre 1898 e 1904 são um estilo Art Nouveau carregado, inspirado pelo Barroco e, até certo ponto, por seu discípulo Olbrich (Metrô de Viena, estações Hofpavillon e Karlsplatz, e projetos não executados para edifícios públicos). Em 1904, abandonou as curvas exuberantes, e, na Caixa Econômica Postal de Viena, em 1905, realizou uma das obras-primas do racionalismo do início do século XX. *Ver figs. 161-162.*

WEBB, Philip (1831-1915). Arquiteto e designer inglês. A Red House e suas casas de campo posteriores a ela, tais como Joldwyns (1873), Smeaton Manor (1878), Standen (1892), Rounton Grange (1872-1876, maior e mais idiossincrática), e Clouds (1881-1891), tiveram tanta influência quanto as casas de Shaw, tanto na Inglaterra como fora dela. Webb construiu uma igreja (Brampton in Cumberland), antes de 1874. Também desenhou mobílias e trabalho em metal. *Ver figs. 8-10-15-72.*

WHISTLER, James Abbot McNeil (1834-1903). Pintor americano. Recebeu formação em Paris, e, depois de 1859, morou principalmente em Londres. Whistler colecionava arte japonesa, e influenciou-se muito por ela. Seus projetos de decoração de interiores – provavelmente inspirados por seu amigo Edward Godwin – eram revolucionários em sua simplicidade e uso de cores puras e pálidas. Decorou a casa de Oscar Wilde na Tite Street, e o "Peacock-Room" da casa Leyland, mais elaborado. Sua própria Casa na Tite Street, de Edward Godwin (1878), era impressionantemente original, com um exterior assimétrico pintado de branco, e os cômodos pintados de amarelo e branco. Em suas pinturas, que chocavam Ruskin, Whistler combinava o Impressionismo com ecos de entalhes em madeira japoneses. *Ver figs. 28-29.*

WHITE, Stanford (1853-1906). Arquiteto americano. Trabalhou sob as ordens de H. H. Richardson no projeto da Trinity Church, em Boston. Ligou-se a McKim e Mead e foi o designer mais brilhante da sociedade. *Ver fig. 21.*

WIENER, René (1856-1939). Membro de uma família de encadernadores, de Nancy. Ele mesmo também era encadernador. Teve um período de imitação, que abandonou para aplicar o processo de pirogravura ao trabalho em couro, colaborando, por exemplo, com Toulouse-Lautrec e Victor Prouvé. Seu melhor período é a década de 1890. *Ver figs. 61-62.*

WILLUMSEN, Jens Ferdinand (1863-1958). Pintor e escultor dinamarquês. Durante suas temporadas em Paris (1888-1889, 1890-1894), foi fortemente influenciado pelo estilo Pont-Aven de Gauguin e Bernard.

Expôs com os Independentes. Em 1890 encontrou Redon, fato que também deixou suas marcas no trabalho de Willumsen. *Ver fig. 45.*
WRIGHT, Frank Lloyd (1869-1959). Arquiteto americano. Wright trabalhou no escritório de Louis Sullivan de 1887 a 1893. Depois, na primeira década do novo século, projetou seus edifícios mais importantes: o Larking Building (Buffalo, 1906), a Unity Church (Oak Park, Chicago, 1906), e casas como a Martin House (Buffalo, 1906), Coonley House (Chicago, 1907), Robie House (Chicago, 1909). Duas publicações sobre seu trabalho, em Berlim, em 1910 e 1911, inauguraram sua influência na Europa. Suas casas se caracterizam por planos baixos e amplos, telhados em balanço e interpenetração dos espaços internos. Seus edifícios maiores, até a década de 1920, eram o Hotel Imperial (Tóquio, 1916-1922) e Midway Garden (Chicago, 1914). Aqui, evidencia-se uma paixão pela ornamentação abstrata angular e pelos detalhes extravagantes. Essa característica domina grande parte do seu trabalho posterior (Hollyhock House, Los Angeles, 1920; Price Tower, Bartlesville, 1953-1956). Ele raramente se encaixa no padrão do assim chamado Moderno Internacional (Falling Water, 1936). Os edifícios mais importantes de seu período mais tardio foram os dois para a Johnson Wax Company (Racine, Wis., 1936-1939, 1950) e o Guggenheim Museum em Nova Iorque (1956-1959), este último, mais um monumento a seu arquiteto do que um museu funcional. A imaginação de Frank Lloyd Wright era de uma fertilidade realmente galesa, e permanece ainda como inspiração àqueles a quem o racionalismo desagrada. *Ver figs. 183-185.*

Bibliografia selecionada

Para uma bibliografia mais detalhada, vide *Os Pioneiros do Desenho Moderno*, desta editora.

Geral
H. R. Hitchcock, *Architecture, 19th and 20th Centuries* (Pelican History of Art), Baltimore, 1963, edição revista, Harmondsworth, 1968.

Países
EUA: C. W. Condit, *American Building Art. The Nineteenth Century*, Nova York, 1960.
França: L. Hautecoeur, *Histoire de l'Architecture classique en France*, vol. VII, 1848-1900, Paris, 1957.

Movimentos e estilos
Art Nouveau: S. Tschudi Madsen, *Sources of Art Nouveau*, Nova York e Oslo, 1956.
M. Constantine (ed.) e P. Selz, *Art Nouveau*, Nova York, 1959.
R. Schmutzler, *Art Nouveau*, Londres, 1962, e Nova York, 1964.
H. Seling e outros, *Jugendstil*, Heidelberg e Munique, 1959.
Chicago School: C. W. Condit, *Chicago School of Architecture*, Chicago, 1964.
Historic American Buildings Survey, *Chicago and Nearby Illinois Area*, ed. J. W. Rudd, Illinois, 1966.
Concrete: P. Collins, *Concrete*, Londres, 1959.

Biografias
Garnier: C. Pawlowski, *Tony Garnier*, Paris, 1967.

Gaudí: G. R. Collins, *Antonio Gaudí*, Nova York, 1960.

Hoffmann: G. Veronesi, *Josef Hoffmann*, Milão, 1956.

Klimt: F. Novotny e J. Dobai, *Gustav Klimt*, Londres e Nova York, 1968.

Loos: L. Müniz, G. Künstler e N. Pevsner, *Adolf Loos*, Londres e Nova York, 1966.

Mackintosh: T. Howarth, *Charles Rennie Mackintosh and the Modern Movement*, Londres, 1952.

Morris: J. W. Mackail, *The Life of William Morris*, Londres, 1899 (World's Classics edition 1950).

P. Thompson, *The Work of William Morris*, Nova York, 1966, e Londres, 1967.

P. Henderson, *William Morris*, Londres e Nova York, 1967.

Perret: E. N. Rogers, *Auguste Perret*, Milão, 1955.

Shaw: R. Blomfield, *Richard Norman Shaw*, R. A., Londres, 1940.

Sullivan: H. Morrison, *Louis Sullivan, Prophet of Modern Architecture*, Magnolia, Mass., 1958.

Tiffany: R. Koch, *Louis C. Tiffany, Rebel in Glass*, Nova York, 1964.

Voysey: J. Brandon-Jones, in *Architectural Assn. Jour.*, LXXII, 1957.

Webb: W. R. Lethaby, *Philip Webb and his Works*, Oxford, 1935.

Wright: H. R. Hitchcock, *In the Nature of Materials,* Nova York, 1942.

Localização das obras

Royal Collection (reproduzida com permissão de Sua Majestade, a Rainha Elizabeth II) 50; Amsterdam, Gemeente Musea 187; Berlim, Louis Werner 65; Copenhague, George Jensen A/S 190; Copenhague, Kunstindustrimuseet 45, 47, 48, 71; Copenhague, H. P. Rohde 189, 191; Edimburgo, Mrs M. N. Sturrock 124; Frankfurt, Museum für Kunsthandwerk 170; Glasgow, The House of Frazer 143; Glasgow Museum and Art Gallery 129; Glasgow University Collection 136, 138; Glasgow School of Art 137; Helensburgh, T. C. Lawson 139; Leicester Museum and Art Gallery 123; Letchworth, Miss Jean Stewart 126; Londres, Geffrye Museum 122; Londres, A. Halcrow Verstage 10; Londres, Victoria and Albert Museum 11, 12, 13, 72, 124, 125; Lyon Musée des Beaux-Arts 153, 154, 155; Munique, Dr. Kurt Martin 83; Munique, Stadtmuseum 54, 80, 171; Nancy, Musée de l'Ecole 61, 62, 73, 74; Nova Iorque, Lewyt Corporation 42; Nuremberg, Germanisches Nationalmuseum 78; Paris, Coll. Bernard-Fort 46; Paris, Léon Meyer 68; Paris, Musée des Arts Decoratifs 34, 35, 37, 38, 41, 63, 64, 66, 67, 70, 75, 76, 77; Paris Musée de la France d'Outremer 40; Paris, Musée National d'Art Moderne 69; Estrasburgo, Musée des Beaux-Arts 166, Utrecht, Centraal Museum der Gemeente 186; Walthamstow, William Morris Gallery 32, 33, 111; Washington, Freer Gallery of Art 28; Wolfsgarten, Grão-Duque de Hesse 79; Zurique, Kunstgewerbemuseum 53.

Créditos fotográficos

Aerofilms Ltd. 195; Amigos de Gaudí 81, 82, 84, 85, 86, 106, 108, 110; Wayne Andrews 21; Architectural Association, Londres (foto de Yerbury) 160; Architectural Press, Londres 1; Archives Photographiques, Paris 5;

Arts Council of Great Britain 9; Jay W. Baxtresser 184; cortesia de Mrs M. Bodelsen 39, 40, 41, 45, 47; Société des Entreprises Boussiron, Paris 157; British Council (fotos de Wickham) 27, 32, 113, 130, 132, 133, 134, 135; British Rail 6; Cauvin 46; Chevojon 7, 145, 194; cortesia do Prof. Carl W. Condit 24; Conservatoire National des Arts et Métiers, Paris 93; *Country Life* 4, 117, 118; John Craven, 98, 102, 148, 150, 152; Jean Desmarteau 97, 100, 101; H. G. Dorrett 114; cortesia do Prof. Henry-Russell Hitchcock 20; Quentin Hughes 197; Jacqueline Hyde 48, 143; Benno Keysselitz 37, 38, 56, 61, 62, 67, 73, 83; Service des Halles et Marchés, Lyon 156; Eric de Maré 18, 49, 116, 121; Mas 51, 104, 105, 107, 109; Günther Mehling 54, 171; K. G. Meyer 140, 161; Studio Minders 95, 163, 164, 165; Morian 94; Ian Nairn 14; National Monuments Record, Londres 8, 15 (foto de Quentin Llyod), 16, 17, 22, 131; Richard Nickel 25, 183; Pierre d'Otreppe 90, 91, 92; Reiffenstein 167; Royal Danish Ministry of Foreign Affairs (foto de Lilian Zangenberg) 120; Royal Institute of British Architects, Londres 55; Sanderson & Dixon 115; Walter Scott 3; Edwin Smith 2, 146; Dr. Franz Stoedtner 87, 89, 179, 180, 198; Unilever Merseyside Limited 196; United States Information Service, Paris 23; Bildarchiv der Österreichische Nationalbibliothek, Viena 162; John Webb (Brompton Studio) 72.

Cromosete
Gráfica e editora ltda.
Impressão e acabamento
Rua Uhland, *307*
Vila Ema-Cep *03283-000*
São Paulo - SP
Tel/Fax: *011 2154-1176*
adm@cromosete.com.br